OPERAEN

THE OPERA

OPERAEN   THE OPERA

ASCHEHOUG

Indhold

Contents

Forord

Foreword

Fredag den 1. oktober 2004 overdrog formanden for A.P. Møller og Hustru Chastine Mc-Kinney Møllers Fond til almene Formaal, herr Mærsk Mc-Kinney Møller, OPERAEN til Statsminister Anders Fogh Rasmussen ved en ceremoni i OPERAENs foyer.

On Friday 1 October, Mr Mærsk Mc-Kinney Møller, Chairman of the A.P. Møller and Chastine Mc-Kinney Møller Foundation, presented THE OPERA to Prime Minister Anders Fogh Rasmussen at a ceremony held in the foyer of THE OPERA.

Herr Statsminister!

Mr Prime Minister,

Kære damer – d'herrer!

Ladies and Gentlemen,

Min faders – og siden mit – valgsprog er den latinske sætning: 'Per aspera ad astra' – 'Ad brydsomme veje mod stjernerne'.

My father's – and later my own – motto is the Latin phrase, 'Per aspera ad astra' – 'Through hardship to the stars'.

Vejen har været nok så brydsom, og ikke sjældent har jeg tænkt på min faders: 'Mærsk: Ingen har lovet dig, at det vil være let'.

Indeed, the road has been arduous, and more than once my father's words have sprung to mind: 'Mærsk, nobody said it would be easy'.

Ihukommende, at det er A.P. Møllers syvtakkede hvide stjerne, der har muliggjort det hele, står vi ved målet – fuldførelsen af 'OPERAEN' – det kommende hjem for sangens og musikkens og dansens stjerner.

Without forgetting that A.P. Møller's seven-pointed white star has made this all possible, we have reached the goal – the completion of 'THE OPERA' – the future home to the stars of song, music and dance.

Det begyndte med nedlæggelsen i 1992 af det historiske Orlogsværft. Søværnet rømmede Dokøen, som så henlå som en uværdig afslutning på den næsten glemte – men værdifulde akse – fra Frederikskirken over Amalienborg Slotsplads – med Salys prægtige Rytterstatue – og videre gennem Amaliehaven til Holmen.

It began with the closure of the historical Naval Dockyard in 1992. The Royal Danish Navy vacated the island of Dokøen, which was then left to ruin, an inglorious end point to the near-forgotten – albeit valuable – axis running from Frederik's Church through Amalienborg Palace Square, with its magnificent equestrian statue by Saly, and continuing through Amaliehaven to the Royal Dockyard.

Dokøen blev sat til salg. Her syntes god mulighed for at gøre gavnlig indsats. Vi fik den på hånden, og Bestyrelsen for A.P. Møller & Hustru Chastine Mc-Kinney Møllers Fond til almene Formaal indvilligede i at erhverve den.

Dokøen was put up for sale. This seemed to present an excellent opportunity to make a productive effort. We had an option on the island,

Konkrete planer havde vi ikke.

Forskellige muligheder blev overvejet – og forkastet. Et Operahus meldte sig også. Det var den dyrest tænkelige løsning. Vi mente ikke at have råd dertil.

Alligevel standsede vi til sidst ved et Operahus også tilskyndet af henstillinger. Jeg rettede en føler til daværende Statsminister Poul Nyrup Rasmussen. Statsministeren var som altid venlig – utvivlsomt lidt forbavset – men positiv og bad om tid. Han lod os ret snart forstå, at Regeringen i givet fald ville sige ja tak. De ledende politiske partier nikkede. Overborgmesteren og Det Kongelige Teater ligeledes.

Tanken udmøntede sig.

Det var vort klare ønske, at OPERAEN – gaven – skulle være second to none – at det nye hus – ud over opera og musik – skulle inkludere førsteklasses balletfaciliteter, samt at akustik-, scene- og publikumsarrangementer skulle være i top.

Den arkitektoniske udformning bad vi Arkitekt Henning Larsen forestå.

Det teatermæssige og det akustiske britiske foretagender ved henholdsvis herrerne Richard Brett og Rob Harris.

At bygge et Operahus med ballet- og musikfaciliteter var for Fonden naturligvis en meget krævende opgave – økonomisk såvel som arbejdsmæssigt. Vi takker dem, der har medvirket – de tilstedeværende og de mange andre – og vi takker myndighederne og Det Kongelige Teater for konstruktivt samarbejde.

Jeg takker også og komplimenterer vor egen byggeadministration – ledet af Skibsreder Ib Kruse bistået af herrerne Bo Wildfang og Peter Poulsen – for effektivt og særdeles vel udført arbejde. At dette store byggeri har kunnet gennemføres på lidt over tre år efter første spadestik er vist noget af en bedrift.

Om samfundet kommer til at holde af OPERAEN som bygning, må fremtiden vise. Selv

and the Supervisory Board of the A.P. Møller and Chastine Mc-Kinney Møller Foundation agreed to acquire it.

We had no specific plans.

Various possibilities were considered – and rejected. An opera house also crossed our minds. That was the most expensive solution imaginable. We felt the cost was beyond our means.

Bolstered by recommendations, we nonetheless wound up at an opera house. To put out a feeler, I approached then Prime Minister Poul Nyrup Rasmussen. As always, the Prime Minister was receptive – undoubtedly a little surprised – yet positive and asked for some time. Before long, he gave us to understand that the Government would be honoured to accept such a gift. The leading political parties nodded assent. As did the Lord Mayor of Copenhagen and the Royal Theatre.

The idea came to life.

Our manifest wish was that THE OPERA – the gift – should be second to none, that the new house should accommodate not only opera and music, but also first-class ballet facilities, and that the acoustics, stage technology and audience facilities should be outstanding.

We asked architect Henning Larsen to spearhead the architectural design work.

British consultancies, led by Richard Brett and Rob Harris, handled theatre technology and acoustic design.

Naturally, constructing an opera house with ballet and music facilities was a resource-intensive task for the Foundation – financially as well as from the work standpoint. We would like to thank all contributors – those present and the many others – and we thank the authorities and the Royal Theatre for their constructive cooperation.

I would also like to thank our own contract management committee – headed by shipown-

synes jeg, at arkitekten og de andre involverede har skabt et fremragende hus. Det håber jeg, at de allerfleste kommer til at mene. 'Har til Maalet man naaet, sætter strax man et nyt', skrev Hostrup.

OPERAEN er færdig. Næste fase bliver at fylde den – fylde den med dygtige kunstnere og forventningsfulde tilskuere. En amerikansk kommentator forklarede: 'Opera is when a guy gets stabbed in the back and, instead of bleeding, sings'. Der skal nok mere til. Men vi er trygge. Det Kongelige Teaters fremragende opera, ballet og kapel skal nok levere denne og fremtidige generationer mange festlige og raffinerede forestillinger og toner.

Herr Statminister!

Turde jeg bede Dem på Regeringens, Landets – og ikke mindst Befolkningens – vegne modtage gaveskøde på OPERAEN fra A.P. Møller og Hustru Chastine Mc-Kinney Møllers – mine forældres – Fond til almene Formaal.

Og så ønsker vi – og jeg personlig ønsker – lykke til – og beder om, at der passes godt på og værnes værdigt om gaven. Lad være med at lave om på den.

Og udnyt den – udnyt den optimalt.

Mærsk Mc-Kinney Møller

er Ib Kruse with the assistance of Bo Wildfang and Peter Poulsen – and compliment them on the efficient and impeccably executed work. Completing this tremendous construction project in little more than three years from groundbreaking is quite a feat, I dare say.

Whether society embraces THE OPERA as a building, only time will tell. I, for my part, think that the architect and others involved have created an incredible edifice. I hope most everyone will agree. 'He who reaches his goal forthwith sets himself a new one', wrote the 19th century Danish playwright and poet, Jens Christian Hostrup.

THE OPERA is done. The next phase will be to fill it – fill it with talented artists and expectant audiences. An American commentator explained: 'Opera is when a guy gets stabbed in the back and, instead of bleeding, sings'. I guess it takes a bit more than that. But we rest assured. The Royal Theatre's preeminent opera, ballet and orchestra are certain to deliver many entertaining and sophisticated performances and musical tones to the present and future generations.

Mr Prime Minister,

I ask you, on behalf of the Government, Denmark and – not least – the people of Denmark, to accept this gift deed on THE OPERA from the A.P. Møller and Chastine Mc-Kinney Møller – my parents – Foundation.

We – and I personally – wish you all the best and ask that this gift be cared for and guarded with reverence. Refrain from changing it.

And use it – use it optimally.

Mærsk Mc-Kinney Møller

9

OPERAEN set fra syd/THE OPERA as seen from the south

Fra tanke til virkelighed

From idea to reality

OPERAEN rejser sig på Dokøen i København's Havn som et markant, nyt vartegn lige over for Amalienborg. Bygningsværket kan måle sig med de bedste operahuse i Europa. Tilmed har byggefasen været relativt kort – tre år var der afsat, fra første spadestik til den store og yderst komplekse bygning skulle stå færdig, så den kunne overdrages som gave til den danske befolkning 1. oktober 2004.

I århundreder henlå det område, hvor den nye opera ligger, som et lavvandet tilholdssted for måger og svømmefugle. I 1690 påbegyndte man at anlægge Holmen som orlogsværft og flådebase, og i den forbindelse blev den såkaldte Ankerø inddæmmet i 1780'erne. Som navnet siger, blev den anvendt til henlæggelse af ankre fra de oplagte flådefartøjer. I 1850'erne blev øen udvidet, så den kunne rumme flådens nye tørdok, og den skiftede snart navn til Dokøen. Frem til lukningen i 1992 var orlogsværftet på Dokøen arbejdsplads for mange mennesker.

I 1990'erne rømmede Søværnet en stor del af Holmen, og blandt andet Dokøen blev udbudt til salg. Bestyrelsen for A.P. Møller og Hustru Chastine Mc-Kinney Møllers Fond til almene Formaal fattede interesse for området, først og fremmest ud fra ønsket om at skabe en smuk og værdig afslutning på den markante byakse, der går fra Frederikskirken, eller Marmorkirken, som den også kaldes, over Amalienborg Slotsplads med Salys rytterstatue af Frederik V og videre gennem Amaliehaven.

On Dokøen, part of the Copenhagen harbour front, THE OPERA rises as a striking, new landmark right across from Amalienborg Palace. The building bears comparison with Europe's finest opera houses. What is more, the construction phase was relatively short – three years, the timeframe allotted from groundbreaking till completion of this massive and incredibly complex building, which was to be handed over as a gift to the people of Denmark on 1 October 2004.

For centuries Holmen, the area where the new opera is located, served as a shallow habitat for sea gulls and other web-footed birds. In 1690 the first steps were taken to develop the Holmen area as a naval dockyard and naval base, a process that led the island of Ankerø to be reclaimed in the 1780s. The navy used the island for storing anchors from laid-up naval vessels. During the 1850s the island was enlarged to accommodate the navy's new dry dock and soon changed name to Dokøen, or Dock Island. Up to its closure in 1992, many people worked at the naval dockyard on Dokøen.

In the 1990s the Royal Danish Navy vacated most of Holmen, and Dokøen and other lots of land were put up for sale. The Supervisory Board of the A.P. Møller and Chastine Mc-Kinney Møller Foundation found the area interesting, mainly because the Foundation wished to create a beautiful and eminent endpoint to the significant urban axis that runs from Frederik's Church, also called the Marble

■ OPERAENs logo er i en stor bronzeudgave nedfældet i foyerens lyse marmorgulv.

■ A large bronze version of THE OPERA logo is carved into the foyer's sandy-coloured marble floor.

Snit af OPERAEN

Cross-section of THE OPERA

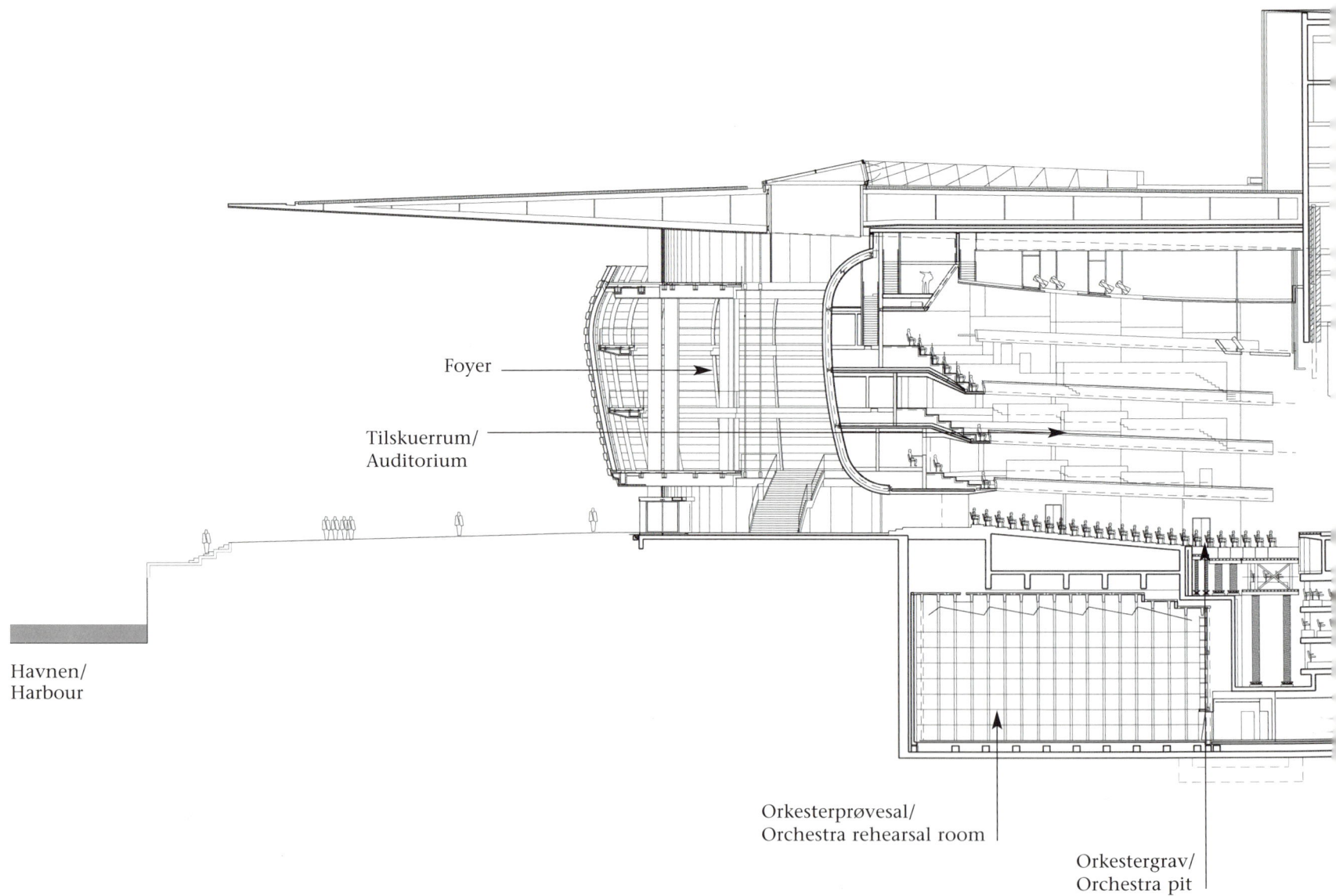

Foyer

Tilskuerrum/
Auditorium

Havnen/
Harbour

Orkesterprøvesal/
Orchestra rehearsal room

Orkestergrav/
Orchestra pit

■ OPERAENs opførelse
på Dokøen set fra luften.

I januar 2002 var OPERA-
ENs kældre ved at blive
udstøbt.
I november 2002 stod
scenetårnet færdigt, og
stålskelettet til tilskuer-
rummets dobbeltkrumme
ydervæg var monteret.
I juli 2003 var OPERAEN
under tag, om end det
store, udkragede tag
endnu ikke var færdig-
etableret. De to nye
kanaler, der i dag deler
Dokøen i tre mindre øer,
var ikke påbegyndt på
dette tidspunkt.

■ Construction of
THE OPERA on Dokøen,
as seen from the air.

THE OPERA's basements
were poured in January
2002.
In November 2002 the
fly tower was done,
and the steel skeleton
for the auditorium's
double-curved outer
wall had been mounted.
In July 2003 THE OPERA
was under roof, although
the large corbelled roof
was not yet in place.
The two new canals
dividing Dokøen into
three smaller islands
had not been dug at
this point.

Januar/January 2002

December 2002

Juli/July 2003

i november 2001, og efterhånden som byggeri-
et tog form, og intentionerne bag trådte klarere
frem, afløstes kritikken da også for langt
hovedpartens vedkommende af anerkendelse
og beundring. Et velbesøgt åbent-hus-arrange-
ment for offentligheden i pinsen 2003 bidrog

grew clearer, most of the criticism gave way
to recognition and admiration. A well-
attended open-day event for the general
public in June 2003 also helped generate a
positive attitude to the new opera house.
Throughout the process, the Foundation

yderligere til at skabe en positiv holdning til det nye operahus.

Igennem hele forløbet havde Fonden et godt og frugtbart samarbejde med Det Kongelige Teater, der siden skulle drive OPERAEN og naturligvis var involveret i byggeriet og dets indretning. I samarbejdet med Fondens bygge-administration bidrog teatret med forslag og ideer. Fonden havde ligeledes et udmærket samarbejde med repræsentanter fra Københavns Kommune.

Et navn skulle det nye operahus selvfølgelig også have, og på forslag af statsminister Anders Fogh Rasmussen vedtog styregruppen, at det ganske enkelt skulle være OPERAEN. Den lille scene fik navnet Takkelloftet.

Det ambitiøse byggeprogram er udmøntet i en imponerende bygning på ca. 41.000 m² fordelt over 14 etager, hvoraf de fem findes under jorden. Stor er OPERAEN – i mere end én forstand: 126 meter lang, endda 158 meter, hvis taget medregnes. Bredden er 90 meter, og scene-tårnet hæver sig 38 meter over jorden. Over 1.000 rum er fordelt i huset. Under tilskuer-rummet er der 13 meter under havoverfladen indrettet en stor prøvesal til Det Kongelige Kapel, og oppe i huset har operaen og balletten fem store prøvesale samt 25 mindre øverum. I sidebygningerne er der indrettet omklædnings-rum, værksteder, kontorer med videre, og i kæl-deren er der etableret et stort kulisselager, hvor også hovedscenens mobile balletgulv opbeva-res.

Det har været af helt afgørende betydning for Fonden som bygherre at sikre, at det nye opera-hus blev opført i udsøgte materialer, der ind-byrdes klæder hinanden og samtidig bevarer det smukke udseende. De udvendige materialer skulle desuden respektere og passe til de om-kringliggende bydele. Bygningens facader fremstår i den sydtyske kalksten Jura Gelb. Det store, udkragede stål-tag har underside og sider beklædt med alucoubond, der er store aluminiumsklædte plader. Vestfacaden ud for foyeren er opført af skiftevis glas og lægter i glasblæst, rustfrit stål. Som terrænbelægning på hele Operaøen – og til kajkanterne – er der valgt gylden kinesisk granit.

Indvendig er gulvene belagt med italiensk Per-

enjoyed strong and productive cooperation with the Royal Theatre, who were later going to run THE OPERA and, naturally, were in-volved in construction and layout plans. The theatre presented proposals and ideas to the Foundation's contract management commit-tee. The Foundation also worked successfully with representatives of the City of Copen-hagen.

Of course, the new opera house also needed a name, and on the recommendation of Prime Minister Anders Fogh Rasmussen, the steering committee decided to call it simply OPERAEN or, in English, THE OPERA. The small stage was named Takkelloftet, the Danish word for rig-ging loft.

The ambitious construction programme has been translated into an impressive building of about 41,000 sq. metres, distributed on 14 floors, five of which are subterranean. THE OPERA is big – in more senses than one: 126 metres long, even 158 metres including the roof. The width is 90 metres, and the fly tower rises 38 metres above ground. The house has more than 1,000 rooms. Under the auditori-um, 13 metres below sea level, a large rehearsal room has been built for the Royal Danish Orchestra, and up in the house the Opera and the Ballet have five large rehearsal rooms and 25 smaller studios at their disposal. The side buildings contain dressing rooms, workshops, offices, etc., and a large scenery storage room is found in the basement, where the mobile bal-let floor for the main stage is stored as well.

As employer, the Foundation insisted that the new opera house be made of exquisite materi-als that compliment one another and will stay beautiful. Moreover, the exterior materials should reflect and respect the ambience of the surrounding neighbourhoods. The Bavarian limestone Jura Gelb covers the façades. The underside and sides of the magnificent canti-levered steel roof are clad in Alucobond, i.e. big aluminium-covered plates. The west façade, next to the foyer, is built in alternating glass and laths of glass-blown, stainless steel. Gold-en, Chinese granite was selected as paving material for all the outside areas of Dokøen – and for alongside the quays.

latino-marmor, mens væggene i publikums-foyererne er beklædt med Jura Gelb. Skallen omkring hovedscenen ud mod foyeren er beklædt med luende dansk ahornfiner, som fortsætter på balkonfronterne i hovedscenens tilskuerrum. Her er væggene i øvrigt beklædt med mørkbejdset dansk ahornfiner. Tilskuerrummets gulve er mørk egeparket, mens loftet er belagt med 24 karat bladguld.

Et påtrængende problem omkring OPERAEN har fra starten været trafikafviklingen til og fra bygningen samt parkeringsforholdene.

En endelig løsning af parkeringsproblemet afventer en afklaring vedrørende opførelsen af en påtænkt parkeringskælder ved Skt. Annæ Plads, som i aftentimerne skulle betjene både OPERAEN og gæsterne til det nye skuespilhus. For at hjælpe kommunen og lette situationen i de første år efter OPERAENs indvielse har Fonden som midlertidig løsning indrettet en parkeringsplads til ca. 200 biler på Dokøen nord for OPERAEN.

Der er i samme forbindelse gennemført en hensigtsmæssig ensretning af trafikken på store dele af Dokøen, som nu er opdelt i tre øer. Endelig har anlæggelsen af trapper ned til vandet på hele Operaøens vestside muliggjort, at publikum kan komme sejlende til OPERAEN.

De 34 byggemåneder frem til afleveringen blev som ventet et kapløb med tiden, hvorunder alle involverede gjorde en stor indsats.

Den 1. oktober 2004 kunne Fondens formand som tilsigtet overdrage OPERAEN til den danske stat ved statsminister Anders Fogh Rasmussen, der takkede varmt for den store gave. Det Kongelige Teaters åbningsaften var den 15. januar 2005, og den 26. januar 2005 blev den første forestilling opført – det var Verdis opera *Aida*.

Fondens gave til den danske befolkning blev realiseret inden for den fastsatte tidsramme og opfyldte de satte mål. En drøm gik i opfyldelse for Den Kongelige Opera og Ballet: på den gamle Dokø er dagligdagen nu fuld af sang – samt musik og dans.

Inside, the floors are tiled with Italian Perlatino marble, while the walls in the public foyers are covered with Jura Gelb. The shell around the main stage on the foyer side is covered with flamed Danish maple veneer, which continues on the balcony fronts in the main stage auditorium. The auditorium walls are covered with dark-stained Danish maple veneer. The auditorium floors are dark oak parquet, while the ceiling is covered with 24-carat gold leaf.

THE OPERA has always faced the pressing problem of how to handle traffic to and from the building and parking conditions.

A final solution to the parking problem is likely to be found in the construction of a planned underground car park at Sankt Annæ Plads, intended to serve both THE OPERA and guests to the new Royal Playhouse. To help the City of Copenhagen and alleviate the situation in the first years after THE OPERA opens, the Foundation has established a temporary car park for about 200 vehicles on Dokøen north of THE OPERA.

Concurrently, appropriate arrangements have been made for one-way traffic to be introduced on large parts of Dokøen, which is now divided into three islands. Lastly, stairs down to the water have been built on the whole western side of the opera island, enabling patrons to access THE OPERA by boat.

As expected, the 34 months of construction leading up to the handing-over were a race against time, throughout which everyone involved put in a Herculean effort.

According to plan, on 1 October 2004 the Chairman of the Foundation was able to hand over THE OPERA to the Danish State, represented by Prime Minister Anders Fogh Rasmussen, who extended his sincerest thanks for the immensely generous gift. Opening night for the Royal Theatre was 15 January 2005, and on 26 January 2005 the first performance was given: Verdi's opera *Aida*.

The Foundation's gift to the people of Denmark became reality within the pre-set time schedule and met the objectives formulated. A dream came true for the Royal Danish Opera and Ballet: on the old Dokøen, everyday life is now filled with song, music and dance.

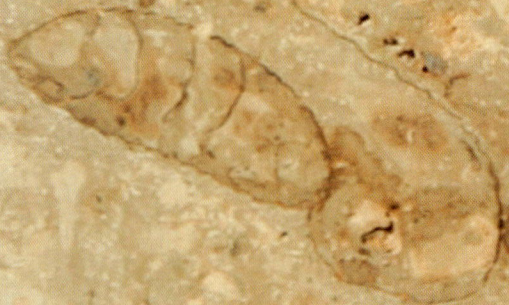

Byggefasen

The construction phase

Før opførelsen af OPERAEN kunne påbegyndes, skulle Søværnets rømmede værftsbygninger på Dokøen rives ned.
I august 2001 gik byggeriet i gang. Første fase var udgravningen af den store 17 meter dybe byggegrube, der skulle huse OPERAENs underjordiske faciliteter. Det var nødvendigt at sænke grundvandstanden for at kunne holde byggegruben tør, men når grundvandet sænkes, er der stor risiko for sætningsskader på omkringliggende bygninger. Derfor blev der ydet en betydelig indsats for at sikre de nærliggende bygningers pælefundamenter.
Sideløbende med udgravningen af byggegruben blev der iværksat en udvidelse af Dokøen mod syd og mod vest.
I november 2001 kunne opførelsen af selve huset påbegyndes. Først blev de store kældergulve støbt, fulgt af råhusets øvrige betonarbejder. For at sikre at bygningen forblev stabil, blev der boret mere end 800 jordankre yderligere 15-20 meter ned i undergrunden. Støbningen af det 38 meter høje scenetårn fandt sted i sommeren 2002, og råhuset stod færdigt primo maj 2003. Det store, udkragede tag blev monteret i vintermånederne 2002-03 og er intet mindre end en ingeniørmæssig bedrift.
De indvendige arbejder kunne først for alvor gå i gang, efter at bygningen var endeligt lukket. Det forudsatte, at foyerens dobbeltkrumme, transparente vestfacade ud mod havnefronten blev gjort færdig med sine facetterede glasflader og lægter i glasblæst, rustfrit stål. Formmæssigt afspejler vestfacaden den bagvedliggende, ahornbeklædte skal, som afslutter hovedscenens tilskuerrum ud mod foyeren.

Before construction of THE OPERA could begin, the vacated Navy shipyard at Dokøen had to be demolished.
In August 2001, construction work started. The first phase centred on excavating the huge, 17-metre-deep building pit that was to house THE OPERA's sub-ground facilities. The groundwater level had to be lowered to keep the building pit dry, but a lowered groundwater level carried a major risk of settling damage in the adjacent buildings. Thus, considerable efforts were expended on securing the pile foundations of the neighbouring buildings.
While the building pit was being excavated, work to extend Dokøen further south and west was initiated.
In November 2001, construction of the building proper could commence. The first stage involved pouring the wide basement floors, followed by the other concrete works required for the carcass. To ensure the continued stability of the building, more than 800 ground anchors were drilled another 15-20 metres into the subsoil. The 38-metre-high fly tower was cast in the summer of 2002, and the carcass was completed in early May 2003. Mounted in the winter of 2002-2003, the large cantilevered roof is nothing less than an engineering feat.
Work on the interior could only begin in earnest once the building had been closed off completely. This meant that the foyer's double-curved, transparent west façade, facing the waterfront, had to be completed with its faceted glass surfaces and laths in glass-blasted, stainless steel. The contours of the west façade reflect the maple-clad shell behind it, which separates the auditorium from the foyer.

■ OPERAENs facader er beklædt med den sydtyske kalksten Jura Gelb.

■ THE OPERA's façades are clad in the Bavarian limestone Jura Gelb.

23

Dokøen marts 1995/Dokøen March 1995

■ Fra Søværnet rømmede Dokøen i begyndelsen af 1990'erne, lå øens bygninger og anlæg ubenyttede hen i knap 10 år.

Langt hovedparten af de nedslidte og utidssvarende bygninger var kun egnet til nedrivning – dog er to anlæg på den nordlige del af øen blevet fredet. Det drejer sig om Pumpehuset fra 1856 samt den store tørdok. Pumpehuset, som ses til venstre på billedet ovenfor, husede de pumper, der tømte tørdokken for vand. Dokøens to karakteristiske kranbaner er ligeledes blevet fredet – herover ses kun den ene.

■ After the Royal Navy vacated Dokøen in the early 1990s, its buildings and facilities were left unused for almost 10 years.

Most of the rundown and antiquated buildings were only fit for demolition – but two plants at the northern end of the island became listed buildings, i.e. the Pump House from 1856 and the large dry dock. Seen to the left above, the Pump House sheltered the pumps that emptied the dry dock of water. The two characteristic craneways at Dokøen are also listed – only one appears above.

■ Orlogsværftets rømmede værkstedsbygninger fremstår meget forskelligartede i materialer og udtryk – eneste fællestræk er forfaldets lurvede charme.

Bygningerne rives ned i sommeren 2001 som led i klargøringen af byggegrunden.

■ Aesthetically, the vacated naval dockyard workshop buildings vary greatly in material and expression – their only salient feature is the shabby charm of their decay.

The buildings are torn down in summer 2001 as a step in preparing the building site.

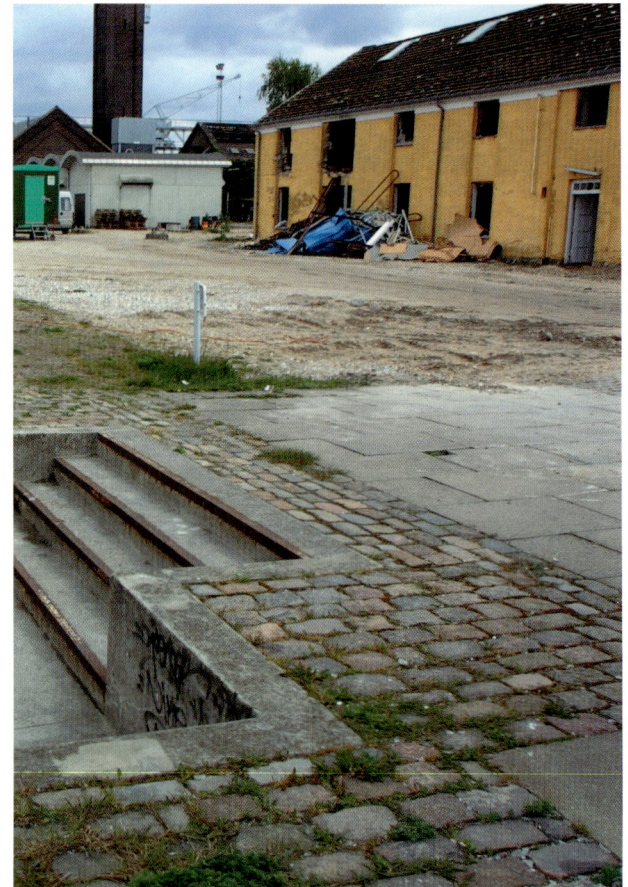

■ Brugte bygningsmaterialer fra de nedrevne værftsbygninger ligger usorteret på Dokøens vestkaj. Det er her, OPERAENs forplads skal ligge vis-a-vis Amalienborg med Frederikskirken knejsende i aksens andet endepunkt.

Ovenfor til højre ses et udsnit af den vestlige kajkant, som også tidligere havde trapper, om end i en noget mere beskeden målestok end det nye trappeanlæg, der siden skal etableres her for at forbinde forplads og havnebassin.

■ Used building material from the demolished yard buildings lie in assorted piles at the Dokøen west quay. This is where THE OPERA forecourt will be situated, opposite Amalienborg Palace with the Frederik's Church rising at the other end-point to the axis.

Above to the right appears a section of the western quay front, which used to have stairs, though somewhat more modest in scale than the new stair facilities later to be made to connect the forecourt and basin.

■ I august 2001 er byggegrunden klargjort, og byggeforberedelserne kan igangsættes. Første fase er udgravning af byggegruben, der skal huse OPERAENs 5 kælderetager. For at kunne arbejde i dybet, er det nødvendigt at sænke grundvand-standen. Byggegruben etableres derfor som en midlertidig tørdok, lukket af med såkaldte spuns-vægge. Her ligger spunsjernene stablet og venter på at blive sat ned.

■ In August 2001, the building site is ready for the launch of the construction preparation phase. The first phase involves excavating the building pit, destined to house the five subterranean levels of THE OPERA. For construction to proceed at the necessary depth, the groundwater level has to be lowered. Thus, the building pit is dug as a tempo-rary dry pit, and sealed off with sheet piling. The photo shows the stacked sheet piling waiting to be put in place.

■ Dokøen set fra Kvæsthusbroen. Den gule bygning i forgrunden og den bagvedliggende maskinhal ligger, hvor OPERAEN skal opføres, så de afventer blot bulldozerne.

■ Dokøen seen from the Kvæsthusbroen bridge. The yellow building in the foreground and the machine hall behind it occupy the future site of THE OPERA, so they are just awaiting the bull-dozers.

■ Spunsvæggene er ved at blive etableret langs byggegrubens rand bag ved pumpehuset. Den slanke søjlelignende maskine, der ses til højre for Pumpehusets brede skorsten, vibrerer med stor forsigtighed spunsjernene ned i undergrunden for at undgå sætningsskader på de omkringliggende bygninger. Takkelloftgraven, som adskiller Dokøen fra den bagvedliggende Frederiksholm, kan anes foran Søndre Magasin og Masteskurene, som begge er ombygget til boligbebyggelser.

■ Sheet piling is mounted along the edge of the building pit. Seen to the right of the wide chimney of the Pump House, the slim, columnar unit cautiously vibrates the sheet piling into the subsoil to avoid settling damage to the adjacent buildings. Separating Dokøen from Frederiksholm behind it, the Takkelloftgraven can vaguely be seen in front of Søndre Magasin and Masteskurene, both converted into dwellings.

■ Udgravningen af den store, 17 meter dybe byggegrube er påbegyndt – mere end 110.000 m³ jord skal graves op. Under udgravningen støder man på resterne af den tidligere Ankerø, som fra 1780'erne og frem til 1850'erne blev anvendt til oplagring af ankre fra oplagte flådefartøjer.

■ Excavation of the large, 17-metre-deep building pit has started – more than 110,000 cubic metres of soil will be removed. During excavation, the workers find the remains of the earlier island of Ankerø, used from the 1780s until the 1850s to store anchors from laid-up naval vessels.

■ Arkæologer fra Københavns Bymuseum hidkaldes, så de kan registrere den udgravede Ankerø. De får for alvor travlt, da man snart efter støder på resterne af tre senmiddelalderlige handelsskibe. Arkæologerne slår telte op omkring fundene, så de i fred kan udgrave skibsvragene, mens det store gravearbejde i byggegruben fortsætter udenom.

■ Archaeologists from the Museum of Copenhagen are summoned to conduct an inventory of the excavated Ankerø. Their workload skyrockets when the remains of three late-medieval merchant vessels are found. The archaeologists raise tents around the finds, securing them peace to excavate the wrecks while the extensive digging work in the building pit continues around them.

■ Skibsfundene er tre pommerske handelsskibe, som sandsynligvis er blevet sænket i begyndelsen af 1400-tallet som led i forsvaret af Københavns Havn mod hanseaterne. Skibene bjerges og opbevares nu på Nationalmuseet i Brede.

■ The vessel finds are three Pomeranian merchant vessels, most likely sunk in the early 1400s when the Danes defended the Port of Copenhagen against the Hanseatic merchants. The vessels were salvaged and are now stored at the National Museum in Brede.

Byggegruben er udgravet, og støbningen af gulvet i OPERAENs dybeste kælder er påbegyndt. Dette kældergulv ligger 5 etager under havets overflade. Det skal forankres ved jordankre, som bankes ca. 20 meter dybere ned i undergrunden for at stabilisere operahuset, når grundvandet igen lukkes ind.

The building pit excavation is done, and workers are beginning to pour the floor in the lowest basement level of THE OPERA's underground facilities. This basement floor lies 5 storeys below sea level. It will be secured by ground anchors, knocked about 20 metres further into the subsoil to stabilise THE OPERA, when groundwater is allowed back in.

■ OPERAENs østlige del har kun tre kælder-etager. Her støbes gulvet til kælder 3. Der blev brugt i alt 25.600 m³ beton til OPERAENs forskellige støbearbejder samt 14.000 m³ fyldbeton omkring bygningen.

■ The eastern part of THE OPERA has only three basement levels. The photo shows the pouring of basement 3. A total of 25,600 cubic metres of concrete went into THE OPERA's various casting works plus 14,000 cubic metres of filling concrete around the building.

■ Udstøbningen af OPERAENs kældre foregår i vinteren 2001-02, og i perioder med stærk kulde er det nødvendigt at beskytte betonen mod frost-skader, bl.a. lægges midlertidige isoleringsmåtter ud på gulvene.

■ THE OPERA's basements are poured in the winter of 2001-2002, and in periods of extreme cold the concrete must be protected from frost damage. For this reason, temporary insulation mats cover the floors.

■ Støbearbejderne i byggegruben bevæger sig opad fra dybet, men arbejdet foregår fortsat 13-14 meter under havets overflade. Her er væggene sat i det rum, der siden bliver orkesterprøvesal, og man er i færd med at støbe kældergulve højere oppe i huset.

■ The building pit pouring work moves up from the bottom, but still occurs 13-14 metres below sea level. The photo shows the walls erected in the future orchestra rehearsal room, and basement floors are poured higher up in the house.

■ Dokøen skal udvides med 25 meter mod vest for at få tilstrækkelig plads til OPERAENs forplads. Arealet inddæmmes og adskilles fra havnebassinet med spunsvægge.

■ Dokøen is to be extended 25 metres to the west to accommodate THE OPERA forecourt. The area is embanked and separated from the basin with sheet piles.

■ Opfyldningen af det inddæmmede areal foregår ved at pumpe sand inden for spunsvæggen, så vandet langsomt fortrænges.

■ To fill the embanked area, sand is pumped into the sheet piled area, slowly displacing the water.

■ Fire af de i alt seks byggekraner er stillet op omkring byggegruben, hvor de danner deres egen karakteristiske skyline – et midlertidigt vartegn for Dokøen.

■ Four of the six building cranes have been erected around the building pit, forming their own characteristic skyline – a temporary landmark for Dokøen.

■ Alle OPERAENs øvesale og øverum er bygget op som boks-i-boks-rum med dobbelte vægge, gulve og lofter. Det sikrer de bedst tænkelige øveforhold med optimal lydisolation. Her lægges andet lag af gulvet i orkesterprøvesalen.

■ All OPERA rehearsal facilities are designed as box-in-box constructions with double walls, floors and ceilings. This solution ensures the ideal rehearsal conditions with optimum soundproofing. Here, workers pour the second layer of the floor in the orchestra rehearsal room.

■ Samtidig med at bygningskroppen langsomt rejser sig, arbejdes der udenom med for eksempel at opfylde ydersiden af byggegruben og grave ud til underførsel af el, vand og varme, som hentes fra Frederiksholm.

■ As the carcass slowly rises, work continues around it; for instance, the outer building pit is filled and a subway is excavated to conduct power, water and heating from Frederiksholm.

■ I sommeren 2002 er støbearbejderne nået op i terrænplan, og man er i gang med at støbe scenetårnets to indre tårne.

Støbningen af de to tårne foregår som glidestøbning, hvor man støber sig opad i højden i én kontinuerlig bevægelse. Støbeformenes træbokse flyttes opad, efterhånden som betonen størkner.

■ In summer of 2002, pouring work reaches terrain level, and work has commenced on pouring the two inner towers of the fly tower.

The two towers are poured in a sliding action that entails one continuous upward movement. The wood boxes for the pouring moulds are moved upwards as the concrete solidifies.

■ De to indre tårne er indkapslet og står færdigstøbt som ét 38 meter højt scenetårn. Åbningen forneden er sceneåbningen ud mod tilskuerrummet.

■ The two inner towers are encapsulated in their finished form to become a 38-metre-tall fly tower. The opening at the foot is the proscenium opening facing the auditorium.

■ Tilskuerrummets ydervæg mod foyeren har en spektakulær, dobbeltkrum form, som siden gentages i foyerens egen facade. Her er det stålskelet, der skal bære tilskuerrummets ydervæg, ved at blive monteret omkring sceneåbningen. Bæringerne for tilskuerrummets tre balkoner er integreret i skeletkonstruktionen.

■ The auditorium outer wall towards the foyer boasts a spectacular double-curve, later repeated in the foyer façade. The steel skeleton that will carry the auditorium outer wall is mounted around the proscenium opening. The supports for the three balconies in the auditorium are integrated in the skeleton.

■ Amalienborg-aksen i september 2002 set fra Salys rytterstatue på Amalienborg Slotsplads med OPERAENs scenetårn i aksens nye endepunkt.

■ The Amalienborg axis in September 2002 seen from Saly's equestrian statue at Amalienborg Palace Square with THE OPERA fly tower at the new axial end-point.

■ Aftenstemning over Dokøen i december 2002 lige inden første sektion af det udkragede tag løftes på plads – tagsektionen svæver lavt over jorden i kranen yderst til venstre. Med de illuminerede kraner og den belyste bygningskrop fremstår byggepladsen med en egen poesi.

■ Evening falls over Dokøen in December 2002 as the first section of the cantilevered roof is lifted into place – the roof section hovers just above the ground held by the crane to the left. The illuminated cranes and the lighted carcass imbue the building site with a poetry all its own.

■ Tilskuerrummets ydervægskelet er på plads – nu skal OPERAENs store, udkragede vesttag monteres. Der må en af Europas største mobilkraner til at løfte de enorme tagsektioner op på plads. De hvide støttepiller skal bære taget og foyerens facade.

■ The outer wall skeleton of the auditorium is in place – now THE OPERA's large, cantilevered western roof is to be mounted. One of Europe's largest mobile cranes is needed to position the enormous roof sections. The white buttresses will carry the roof and the foyer façade.

■ Det store, udkragede vesttag er konstrueret som et såkaldt bokstag og er sammensat af ni bokssektioner. Det er en uhyre stærk og stabil konstruktionsform, der især kendes fra brobygning.

Taget skal bæres af en række hvide piller, der følger tilskuerrummets og foyerens bueform. På nuværende tidspunkt understøttes taget af midlertidige gittersøjler, som fjernes, når tagkonstruktionen er endeligt på plads. Bestemt af foyerfacadens krumning krager vesttaget mellem 32 og 45 meter ud.

■ The large cantilevered western roof is constructed as a so-called box roof composed of nine box decks. This extremely sturdy and stable construction form is particularly common in bridge construction.

A series of white pillars will support the roof, following the undulation of the auditorium and the foyer. At this point, temporary latticed columns support the roof and will be removed once the roof construction is finally in place. The western roof juts out between 32 and 45 metres.

44

■ OPERAENs østtag er en gitterspærskonstruktion med en udkragning på 18 meter. Det ligger over den lille scene, der har fået navnet Takkelloftet.

■ THE OPERA's eastern roof is a roof truss construction that juts out 18 metres. It covers the small stage, named Takkelloftet.

■ Foyerens fordelingsbalkoner i fire plan, som i form følger den dobbeltkrumme facade, er ved at blive etableret. Det er herfra, publikum får adgang til tilskuerrummets balkoner samt OPERAENs bar- og restaurantområder.

■ Following the shape of the double-curved façade, the foyer four-storey access balconies are established. This is where the audience will access the auditorium balconies and THE OPERA's bar and restaurant facilities.

■ OPERAEN for enden af Amalienborg-aksen i januar 2003, hvor tilskuerrummets dobbeltkrumme ydervæg og det store udkragede tag er monteret.

■ THE OPERA at the end-point of the Amalienborg axis in January 2003, when the double-curved outer walls of the auditorium and the large cantilevered roof have been mounted.

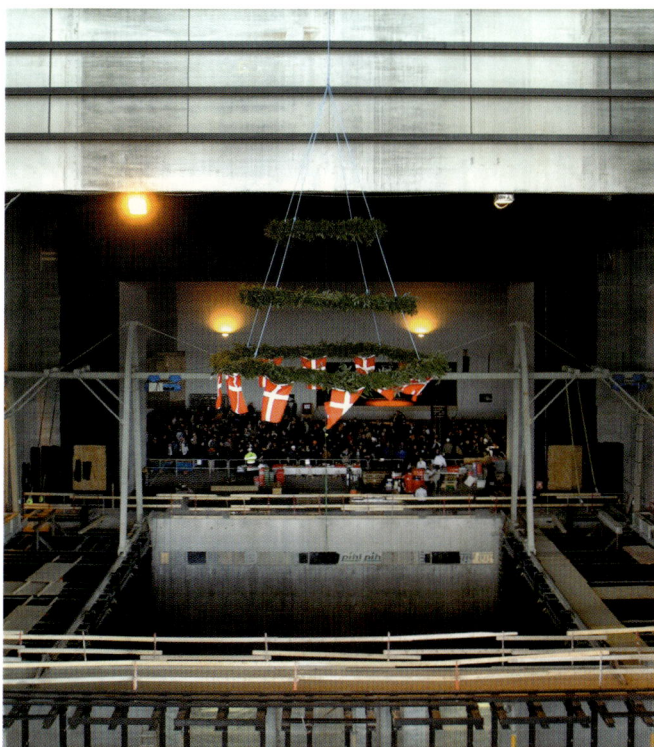

■ Der er rejsegilde på OPERAEN den 29. april 2003. Det fejres på traditionel vis med en flag-smykket krans ophængt i scenetårnet.

■ Topping-out ceremony of THE OPERA on 29 April 2003. The day is celebrated in the traditional fashion with beflagged wreaths suspended from the fly tower.

■ I pinsen 2003 inviteres offentligheden til åbent hus i OPERAEN. Mere end 18.000 menne-sker benytter denne enestående lejlighed til at få et indblik i det komplekse byggeri og samtidig danne sig de første indtryk af, hvordan OPERAEN kommer til at tage sig ud.

■ In June 2003, THE OPERA invites the general public to an open-day event. More than 18,000 people seize this unique opportunity to acquaint themselves with the complex project and gain a first impression of what THE OPERA is going to look like.

■ OPERAENs facader er blevet beklædt med den sydtyske kalksten Jura Gelb og fremstår nu med et varmt, let gyldent udtryk. Set fra syd tegnes OPERAEN først og fremmest af den markante, udkragede tagprofil, mens østfacaden kendetegnes ved Takkelloftets nøgternt udformede vindues-partier.

■ THE OPERA's façades are clad in the Bavarian limestone Jura Gelb and have a warm, slightly golden glow. From the south, the distinctive, cantilevered roof epitomises THE OPERA, while the precision-designed foyer window of Takkelloftet characterises the eastern façade.

■ Den dobbeltkrumme foyerfacade er nu lukket med glas, mens de tværgående lægter endnu ikke har fået yderbeklædning.

OPERAEN får publikumsindgang i foyerfacadens midte.

■ The double-curved foyer façade is now en-closed with glass, while the horizontal laths are still without outer cover.

THE OPERA audience entrance is in the centre of the foyer façade.

■ Den dobbeltkrumme, transparente foyerfacade står færdig med facetterede glasbånd, der bæres af vandrette lægter beklædt med glasblæst, rustfrit stål. Også det udkragede tag er færdigetableret med yderbeklædning i alucobond, som er store aluminiumsklædte plader.

■ The double-curved, transparent foyer façade is done, complete with facetted glass bands carried by horizontal laths covered in glass-blasted stainless steel. The large cantilevered roof is also finished, now bearing its outer cover of Alucobond, large aluminium-covered plates.

■ De to nye kanaler, der flankerer OPERAENs syd- og nordfacade, bevirker, at OPERAEN får sin egen ø. To nyetablerede broer forbinder Operaøen med Dokøens nord- og syddel.

Her ses OPERAENs sydfacade øst- og vestfra.

■ The two new canals running along THE OPERA's south and north façades create a separate island for THE OPERA. Two new bridges connect Operaøen with the northern and southern parts of Dokøen.

THE OPERA's south façade is seen here from the east and west.

■ OPERAEN er færdigopført og rejser sig på Operaøen som et af Københavns nye vartegn. Her ses den markante bygning fra Skt. Annæ Plads.

■ The OPERA is completed, rising up at Operaøen as one of Copenhagen's new landmarks. The striking edifice is seen here from Sankt Annæ Plads.

Publikums-områderne

Public areas

OPERAENs hovedindgang fører ind i den store foyer, der strækker sine 4.000 m² over fem etager. Foyeren afgrænses på hver side af den transparente, dobbeltkrumme vestfacade og tilskuerrummets ydervæg, der hvælver sig som en indre pendant til facaden – en gylden, ahornbeklædt skal, der giver det lyse rum stoflig karakter. Ahornskallens grøn-marmorerede sokkel er farvesat af kunstneren Per Kirkeby som baggrund for de fire bronzere-lieffer, han har skabt til foyeren. I det lyse marmorgulv er kunstneren Per Arnoldis logo for OPERAEN nedfældet.

I foyerens plan 0 er der indrettet café, bar og publikumsgarderober. På plan 1 ligger hoved-baren, hvor en stor del af publikum samles i pauserne under kunstneren Olafur Eliassons tre gigantiske prismelysekroner. Øverst ligger OPERAENs restaurant med tilhørende publikumsterrasse i det fri. Overalt i foyeren har man uhindret udsigt over København.

Ahornskallen introducerer det hesteskoformede tilskuerrum, idet ahorn i samme gyldne farve går igen i balkonforkanter og -lofter. Tilskuer-rummets vægge er ligeledes beklædt med ahorn, dog i en mørkere tone. Salens varme, intime udtryk understreges af det konvekse loft, der er beklædt med 24 karat bladguld. De magelige, blå stole giver siddeplads til over 1.400 tilskuere, fordelt på gulvet og tre balko-ner. Fra alle pladser er tilskuerne sikret optimalt udsyn til scenen, hvis fortæppe er specielt ud-formet af Per Arnoldi.

Den mindre scene, Takkelloftet, har selvstæn-dig indgang og egen foyer, der strækker sig over to etager med marmorbelagt gulv og vægge i Jura Gelb. Kunstneren Tal R har skabt maleriet på væggen over baren. Takkelloft-scenen har plads til ca. 200 tilskuere.

■ Dørgreb på dobbeltdørene, der leder publikum fra foyeren ind i tilskuerrummet.

THE OPERA's main entrance opens into the expansive foyer, whose 4,000 sq. metres are distributed on five floors. The transparent, double-curved west façade defines one side of the foyer, and the auditorium outer wall defines the other, its curves becoming an inner counterpart to the façade – a golden, maple-clad shell that gives the light room a sense of texture. Artist Per Kirkeby chose the colour for the green-marbled base of the maple shell to provide a backdrop for the four bronze reliefs he created for the foyer. Artist Per Arnoldi's logo is carved into THE OPERA's sandy-coloured marble floor.

A café, bar and cloakroom are located at level 0 of the foyer. Level 1 features the main bar, a place where large numbers of patrons can go during intervals and mingle below the artist Olafur Elisasson's three gigantic crystal chandeliers. The top level contains THE OPERA's restaurant and the adjoining public outdoor terrace. All foyer levels offer an open view of Copenhagen.

The maple shell is a prelude to the horseshoe auditorium, the golden tones recurring in the maple used on the balcony fronts and ceilings. The auditorium walls are likewise clad with maple, albeit in a darker tone. The convex ceil-ing, covered with 24-carat gold leaf, accentuates the auditorium's warm, intimate ambience. The comfortable blue chairs provide seating for more than 1,400 people in the stalls and three balconies. Audiences have excellent sight-lines from all seats, and Per Arnoldi specially de-signed the house curtain.

The smaller studio stage, Takkelloftet, has a sep-arate entrance and its own two-storey foyer with a marble-tiled floor and walls clad in Jura Gelb. Artist Tal R created the mural above the bar. Takkelloftet's auditorium seats about 200.

■ Handle on the double doors leading from the foyer into the auditorium.

Publikumsfoyeren/Public foyer

■ OPERAENs store publikumsfoyer henter en væsentlig del af sit udtryk i den dobbeltkrumme skal, der danner væg ind til tilskuerrummet. Denne skalvæg er en kompliceret konstruktion, som på indersiden har tilskuerrummets balkoner og på ydersiden mod foyeren vægbeklædning i ahornfiner.

Selve ahornbeklædningen er et stykke snedker-håndværk i særklasse. Den består af 638 form-spændte skaldele, som er individuelt tilpassede med hver deres dobbeltkrumme form bestemt af, hvor på skalvæggen de skal placeres. Hver skaldel har en tvilling, så der i alt er 319 forskellige dele. For at sikre, at skaldelene passer perfekt, etableres en prøveopsætning i 1:1, forud for den egentlige montering.

■ The double-curved shell that constitutes the wall to the auditorium dominates THE OPERA's expansive public foyer. A complicated structure, this shell wall carries the auditorium balconies on the inside and is veneered with maple on the out-side facing the foyer.

The maple veneer itself represents the finest of joinery. It comprises 638 moulded shell parts, each with its own double-curved shape and individually adjusted to fit into its particular position on the shell wall. Each shell part has a twin, so there is a total of 319 different parts. To ensure the shell parts fit perfectly, workers produce a fullscale mock-up before actual assembly.

■ Skalbeklædningen er dansk ahorn, som er bejdset i en varm, gylden tone og derpå højglanslakeret. I alt medgår 1.500 m² ahornfiner. Monteringen af de 638 nummererede skaldele påbegyndes fra toppen. Det er nødvendigt at arbejde horisontalt for at sikre den ønskede præcision, selv om det ville have været nemmere at arbejde sig nedad i baner. Det forsænkede spor mellem skaldelene tillader træet at arbejde.

■ The shell is finished in Danish maple stained a warm, golden brown and varnished to a high lustre. Altogether, 1,500 sq. metres of maple veneer have been used. The assembly of the 638 numbered shell parts starts from the top. The need for minute accuracy requires that work progress horizontally, although working downwards in lanes would have been easier. The sunken groove between the shell parts allows the wood to settle.

■ Skalvæggen står nu færdigbeklædt i ahorn, og dens 2,80 meter høje sokkel med døråbningerne ind til tilskuerrummet er ved at blive gjort færdig. Samtidig lægges sidste hånd på foyerens fordelingsbalkoner og fordelingsgange. På plan 0 klargøres gulvet til belægning med lys, italiensk Perlatino-marmor.

■ The shell wall is now sheathed in maple, and its 2.80-metre-high base with doors opening into the auditorium is nearing completion. Meanwhile, workers add the finishing touches to the foyer access balconies and passageways. At level 0, the floor is prepared for tiling with light, Italian Perlatino marble.

■ I gulvet inden for OPERAENs hovedindgang nedfældes Per Arnoldis logo, så publikum møder det, straks de træder ind. Her er logoformen udfræset i marmoren for at gøre plads til det store dobbelt-O-logo i bronze.

■ Per Arnoldi's logo is carved into the floor inside THE OPERA main entrance, a sight patrons will encounter the moment they enter. Here the logo shape has been cut into the marble to make room for the big double-O logo in bronze.

■ Skalvæggens sokkel farvesættes af Per Kirkeby, så den danner den rette baggrund for de fire relieffer, han har skabt til OPERAEN, og som placeres foran soklen. Her arbejder Erik Peitersen med at marmorere soklen i grønne nuancer.

■ Per Kirkeby chose the colour of the shell-wall base to provide the right backdrop for the four reliefs he created for THE OPERA. Here Erik Peitersen is busy marbling the base in shades of green.

■ På foyerens plan 1 er hovedbaren ved at blive etableret. Den opbygges af elementer i rustfrit stål betrukket med rødt læder.

■ The main bar is being established at foyer level 1. It is made of stainless steel units upholstered with red leather.

■ Olafur Eliasson skaber de tre store lysekroner, der skal hænge over foyerens hovedbar på plan 1. Men inden han for alvor går i gang, foretages en prøveophængning med balloner.

■ Olafur Eliasson creates the three massive chandeliers that will hang over the main bar at foyer level 1. But before starting the actual work, he does a hanging test with balloons.

■ De færdige lysekroners stel er så store, at der må laves en åbning i foyerfacaden for at hejse dem ind. Først da kronerne er hængt op, beklædes de i hånden med de mange hundrede små spejlglas, der får dem til at glitre og changere i alle regnbuens farver.

■ The frames of the real chandeliers are so big that an opening has to be made in the foyer façade to hoist them in. Only when the chandeliers hang in position are they hand-decorated with hundreds of small mirror pieces, which make them glitter and sparkle in every colour of the rainbow.

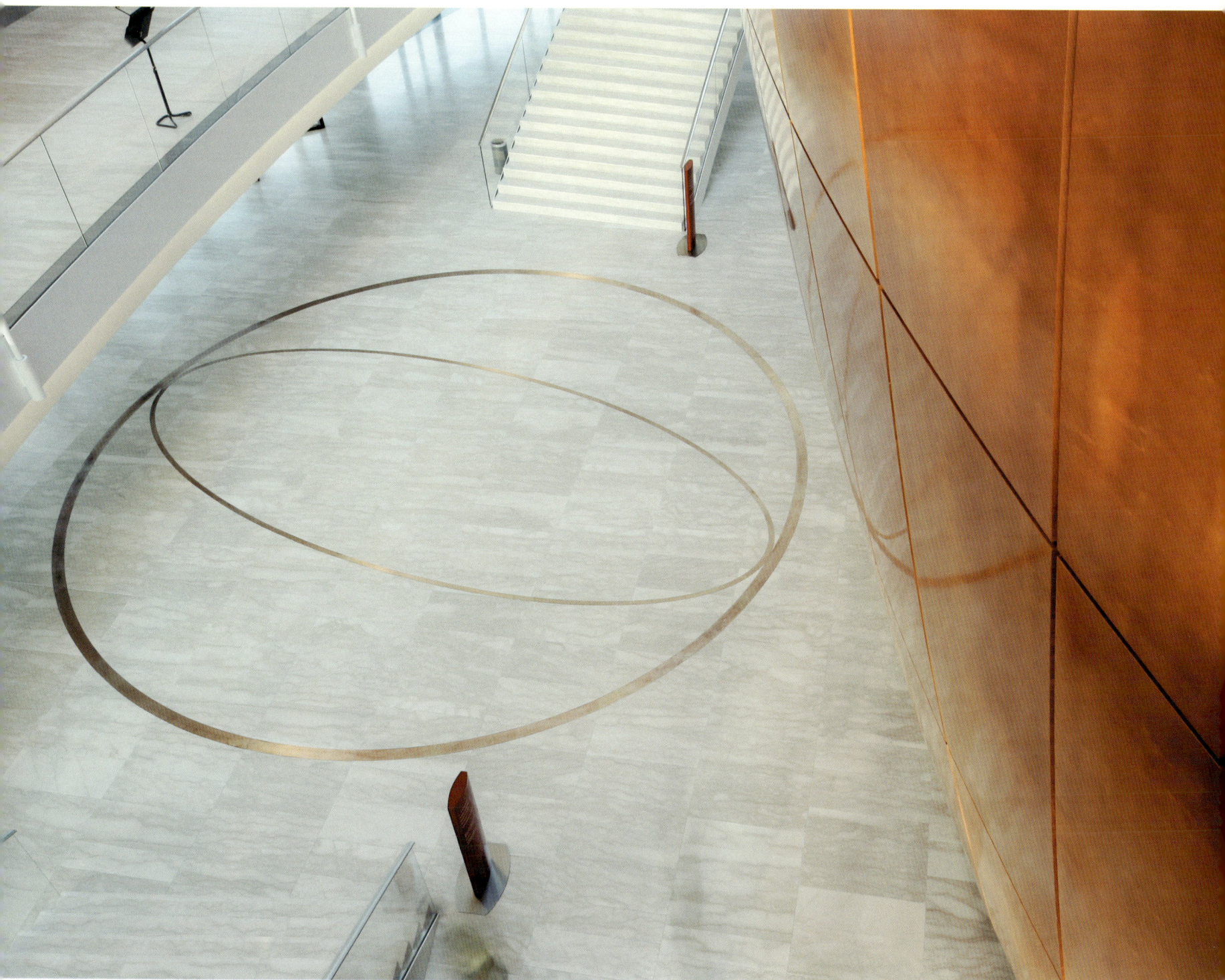

■ Den 4.000 m² store, lyse foyer står færdig mellem sine to dobbeltkrumme vægge – tilskuerrummets gyldne ahornskal og den transparente vestfacade. Trapper, fordelingsbalkoner og fordelingsgange møblerer det fem etager høje rum og skaber en fornemmelse af liv, bevægelse og dynamik, som yderligere understreges, når foyeren syder af mennesker.

■ The light, 4,000 sq. metre foyer is done, complete between its two double-curved walls – the golden maple shell of the auditorium and the transparent west façade. Stairs, access balconies and passageways fill the five-storey-high room, engendering a sense of life, movement and dynamism, an atmosphere that is heightened when the foyer is teeming with people.

Foyerens centrale og mest markante element er den dobbeltkrumme skalvæg i gylden ahornfiner. Den imponerer alene ved sit volumen og tilfører samtidig rummet en virkningsfuld kontrast. Med visuel effekt bombarderes skallens glatte form af de gangbroer, der leder publikum ind til tilskuer-rummets balkoner. På plan 0 hvælver skallen sig over den grønmarmorerede sokkel, der er baggrund for Per Kirkebys fire bronzerelieffer.

The salient feature of the foyer is the double-curved shell wall in golden maple veneer. The sheer volume of the wall is impressive, while it also provides an effective contrast to the room. With visual effect, the smooth shape of the shell is bombarded by footbridges that guide the audi-ence into the auditorium balconies. At level 0, the shell rises above the green-marbled base, which provides a backdrop for Per Kirkeby's four bronze reliefs.

Foyeren kan opleves i mange perspektiver, afhængig af på hvilket plan man befinder sig. Øverst hentes supplerende dagslys ind gennem et stort ovenlys. På plan 1 ligger hovedbaren, der i sin form følger foyerens krumning. Både bardiskens sider og barens faste bænke er betrukket med rødt læder. Barområdet tilføres liv af Olafur Eliassons fantastiske lysekroner.

The foyer can be experienced from many perspectives, depending on the level you are on. A large skylight brings additional daylight to the top-level foyer. The main bar is located at level 1, shaped to follow the curve of the foyer. Both the sides of the bar counter and the fixed bar benches are upholstered with red leather. Olafur Eliasson's magnificent chandeliers add life to the bar area.

On the sign:

2. BALKON

RÆKKE 1-6
LIGE NR. →

LOGE 2, 4 & 6 ↗

RÆKKE 1-6
ULIGE NR. ↑

LOGE 1, 3 & 5 ↑

■ Det enkelt indrettede billetkontor med til-
hørende butik ligger på plan 0 i tilknytning til
foyeren.

■ The simply furnished Box Office and the
Opera House Shop are located at level 0 adjacent
to the foyer.

■ Publikum ledes på rette vej af rød skiltning.

■ Red signs direct ticket holders to their seats.

■ Publikumstoiletterne ligger i kælder 1. Her er dametoiletterne, før gulve, vægge, lofter, sanitet m.v. kom på plads.

■ Public toilets are found in basement 1. Pictured here are the ladies' rooms before floors, walls, ceilings, sanitary appliances, etc. were in place.

■ Toiletområdet har adgang fra foyeren via en marmorbeklædt trappe. Også selve toiletrummet har gulv- og vægbeklædning samt toiletbord i marmor.

■ The toilet area is accessed from the foyer via marble-covered stairs. Marble also covers the toilet room's floor, ceiling and dressing table.

■ I april 2003 er hovedscenens tilskuerrum stadig åbent ud mod havneløbet og Amalienborg. Stålskelettet, der skal bære den dobbeltkrumme ydervæg, er monteret med tydelig markering af balkonbæringerne.

■ In April 2003, the auditorium of the main stage is still open towards the harbour front and Amalienborg. The steel skeleton, designed to carry the double-curved outer wall, has been assembled with a clear indication of the balcony supports.

■ Balkonforkanterne er udført i massiv ahorn. Forud for den endelige montering foretages en prøveophængning af alle balkonforkanter i 1:1 for at sikre perfekt indpasning.

■ The balcony fronts are made of solid maple. Prior to final installation, all balcony fronts were full-scale tested in their respective positions to ensure a perfect fit.

■ OPERAENs fortæppe er skabt af Per Arnoldi. Tæppet er hverken trykt eller vævet. Det males på Det Kongelige Teaters malersal ud fra Per Arnoldis forlæg.

■ Per Arnoldi designed THE OPERA's house curtain. The curtain is neither printed nor woven. It was painted in the Royal Theatre's paint shop, based on Per Arnoldi's source material.

■ Gulvet er færdigt – belagt med røget eg. Også balkonforkanterne, der nu er bejdset gyldne, er på plads. Foran sceneåbningen arbejdes der på en af orkestergravens tre platforme.

■ The stalls floor is done – laid with smoked oak parquet flooring. The balcony fronts, now stained a golden brown, are also in place. In front of the proscenium opening, builders are working on one of three platforms for the orchestra pit.

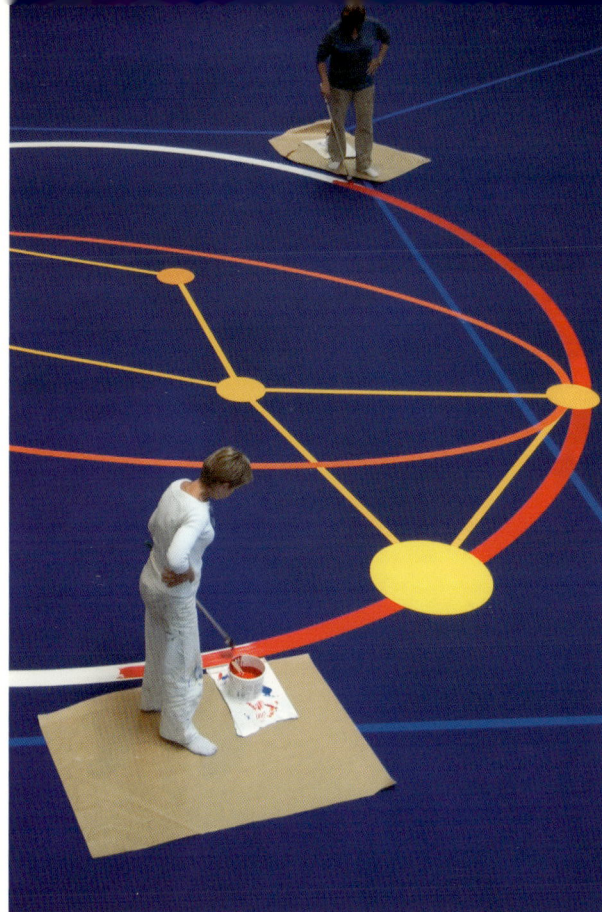

■ Tredje tilskuerbalkon er under færdiggørelse. 4. balkon er ikke beregnet til tilskuere – den skal rumme en række teatertekniske installationer.

■ The third balcony is in its final stages. The fourth balcony is not intended for the audience – it will hold a broad range of technical installations.

■ Også balkonerne skal have terrasserede gulve for at sikre bedst muligt udsyn til scenen.

■ The balcony floors will also be terraced to provide the best possible sight-lines.

■ Ikke kun balkonforkanterne, men også balkon-
lofterne udføres i gylden ahorn. Slidserne i balkon-
forkanterne har et akustisk formål, men samtidig
skal en del af dem anvendes til belysning.

■ Not only the balcony fronts, but also the bal-
cony ceilings are made of golden maple. The slits
in the balcony fronts serve an acoustic purpose,
but some are also used for lighting.

■ Tilskuerrummets loft har en konveks form, bestemt af både akustiske og æstetiske hensyn. Forholdsvis tidligt i byggefasen belægges loftet med 24 karat bladguld – præcisionshåndarbejde, hvor tusindvis af små, fnuglette ark bladguld forsigtigt fæstnes på loftet. For at beskytte det forgyldte loft, mens tilskuerrummet gøres færdigt, spændes et net ud.

■ For acoustic and aesthetic reasons, the auditorium ceiling is convex. Relatively early in the construction phase, the ceiling is covered with 24-carat gold leaf – precision work where thousands of tiny, ultra-light sheets of gold leaf are carefully brushed onto the ceiling. A net is stretched over the gilded ceiling to protect it while the auditorium is completed.

■ Tilskuerrummet nærmer sig færdiggørelsen. Nu er også stolene monteret på gulvet og de tre tilskuerbalkoner, men de er dog fortsat beskyttet af plastik. Bag stolerækkerne på 1. balkon ses vinduerne ind til scenens kontrolrum. Åbningerne helt oppe under loftet huser en række store følgespots.

■ The auditorium is nearing completion. Now the chairs, still protected by plastic, have been fastened to the floors of the stalls and the three balconies. Behind the rows of chairs in the first balcony are the viewing windows of the control room. The openings above the ceiling contain a number of strong follow spots.

■ Tilskuerrummet står færdigt i al sin gyldne pragt – oplyst af tusinder af små, glimtende fiber-spots placeret i det bladguldbelagte loft og i de ahornbeklædte balkonlofter. En del af slidserne i balkonforkanterne supplerer med hvidt fiberlys. Stolene er betrukket med blå velour.

Maksimalt rummer salen 1.655 siddepladser, når også orkestergraven inddrages som gulv. Med lille orkestergrav er der plads til 1.569 stole, med almindelig orkestergrav 1.476 og med stor orke-stergrav 1.444. På 3. balkon er der på klassisk tea-termanér godt 50 ståpladser. Desuden kan der etableres 26 handicap-siddepladser.

■ The auditorium is complete in all its golden splendour – lit by thousands of small, sparkling fibre spots built into the gold-leaf ceiling and the maple-clad balcony ceilings. Some of the slits in the balcony fronts provide additional white fibre light. The chairs are upholstered with blue velour.

The auditorium seats up to 1,655 people when the orchestra pit is raised to stalls level. With a small orchestra pit the house has seating capacity for 1,569, with an ordinary pit 1,476 and with a large pit 1,444. The third balcony has more than 50 standing room places in the classical theatre style. In addition, 26 wheelchair spaces are available.

■ Også kongelogen på 1. balkon er møbleret med blå stole i specialindfarvet læder.

■ The royal box in the first balcony is also fur-nished with blue chairs in specially dyed leather.

■ Tilskuerrummets varmt gyldne balkoner udgør en visuel fortsættelse af den store ahornskal i foyeren. For yderligere at skabe en intim atmosfære i tilskuerrummet er væggene beklædt med en mørkere bejdset, luende ahorn. Også disse vægge er akustisk forarbejdede med et profileret mønster, der samtidig giver vægfladerne karakter. Gulvet i røget eg danner en diskret kontrast til de mørke vægge.

■ The richly golden balconies of the auditorium provide a visual continuation of the big maple shell in the foyer. To create an atmosphere of intimacy in the auditorium, the walls are covered with darker-stained flamed maple. These walls, too, have been acoustically prepared with a profiled pattern, which give the wall spaces character. The smoked oak flooring discreetly contrasts the dark walls.

81

■ Scenetæpperne, der skiller scenen fra tilskuer-rummet, har både stor praktisk og symbolsk betydning. Det bageste, røde, foldede tæppe kaldes tata-tæppet. OPERAENs blå fortæppe, der er skabt af Per Arnoldi, sammenkæder OPERAENs logo med stjernetegnet Lyren, der kan ses på den nordlige stjernehimmel. Apollon, som i den græske mytologi bl.a. er gud for musik og digtning, spiller på et strengeinstrument, nemlig lyren.

■ The stage curtains, which separate the stage from the auditorium, carry great practical and symbolic importance. The folded red drape up-stage of the house curtain is a tableau curtain, whereas the house curtain is an individual signature for the playhouse or opera house concerned. Per Arnoldi designed THE OPERA's blue house curtain. It links THE OPERA's logo with the constellation of Lyra, visible in the northern hemisphere. Apollo, the Greek God of music and poetry, plays the lyre.

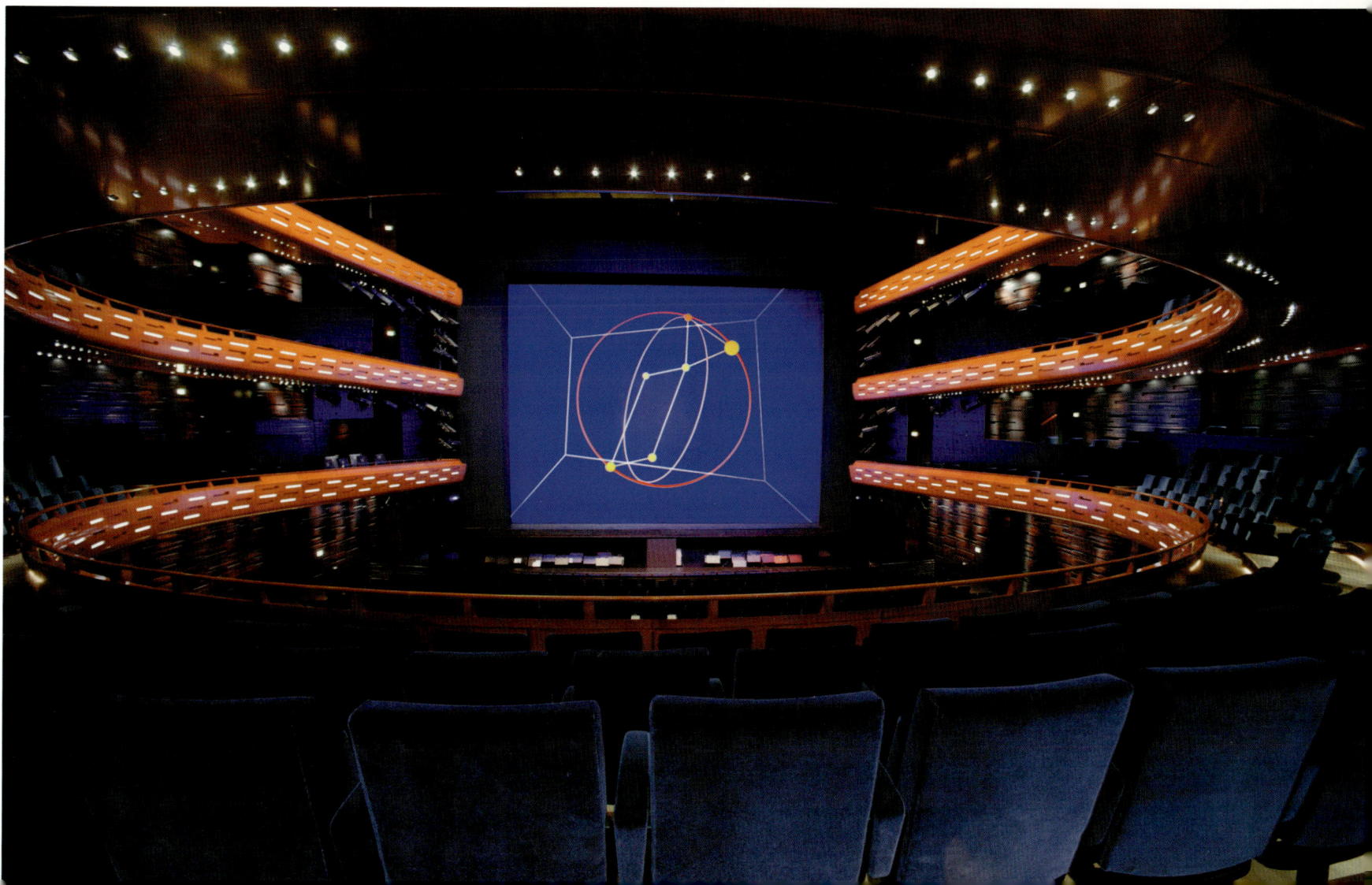

■ De buede gange, der leder publikum ind til de rette pladser på enten gulv eller balkoner, er beklædt med mørkt filt for at holde lyd og lys ude. Dog er gangenes ydervægge rødklædte for at skabe en klassisk teatereffekt.

■ The curved passageways leading the audience to their seats in the stalls or balconies are covered with dark felt to keep out sound and light. However, the outer walls of the passageways are dressed in red to create a classical theatre effect.

■ Takkelloftets (den lille scene) scene- og tilskuerrum og den tilhørende publikumsfoyer er ved at tage form.

■ Takkelloftet's (the small stage) stage and auditorium and the adjoining public foyer are taking shape.

■ Takkelloftet står færdigt som et multifleksibelt teater- og musikrum med et mere teknisk betonet udtryk end hovedscenen. Tilskuerrum og scene går ud i ét og kan opstilles på et utal af måder. Takkelloftets selvstændige indgang og foyer fremstår i samme materialer som hovedscenens. Dagslyset vælder ind gennem store, nord- og østvendte vinduespartier, og også her udgør den kunstneriske udsmykning et vigtigt element i interiøret. Tal R har skabt maleriet over foyerens bar.

■ Takkelloftet is complete as a multi-flexible performing space with a stronger technical expression than that of the main stage. The auditorium and stage form an uninterrupted whole and can be arranged in countless ways. Takkelloftet's separate entrance and foyer are made of the same materials as the main stage. Daylight pours in through big windows facing north and east, and the artistic decoration of the room is a key element in the interior furnishings. Tal R has created the painting.

Scenerne

Stages

Scenerne er OPERAENs hjerte – her skabes den levende kunst. Det centrale sceneområde beslaglægger da også en ganske væsentlig del af det store bygningskompleks. Selve hovedscenen er omgivet af to sidescener, en bagscene, en montagescene og en prøvescene. Scenegulvene er opbygget som en sandwichkonstruktion med højdejusterbare gulvsektioner og mobile scenevogne. Det gør det muligt at køre et helt scenegulv eller dele af et gulv fra én scene til en anden, blandt andet når kulisser og rekvisitter skal køres på plads på hoved- eller prøvescene eller parkeres midlertidigt på en af sidescenerne.

Hovedscenens gulv består af fire sceneelevatorer, som i proportioner svarer til scenevognene. Disse elevatorer giver hidtil usete muligheder for et terrasseret scenegulv enten i højden eller dybden. Et særligt balletgulv er permanent etableret på fire scenevogne. Det parkeres under bagscenen, når det ikke er i brug. En drejescene, bygget på fire scenevogne, er også til rådighed. Alle scenegulve med scenevogne og sceneelevatorer er computerstyrede og kan selvfølgelig placeres, så alle gulve ligger i samme plan.

Det omfattende scenetekniske udstyr som tæpper, kulissestykker og scenelys er enten nedhængt fra scenetårnets snoreloft eller monteret omkring sceneåbningen. På snoreloftet er tidligere tiders manuelle snoretræk erstattet af kraftige elektromotorer, som lydløst hejser det ønskede udstyr op i scenetårnet ved scene- og kulisseskift.

Takkelloftets kombinerede scene- og tilskuerrum er indrettet så fleksibelt, at mindre forestillinger kan spilles her, uafhængigt af hvad der i øvrigt foregår i OPERAEN.

The stages constitute the heart of THE OPERA – the place where performers bring their art to life. The central stage area indubitably takes up a substantial part of the large building complex. The main stage is surrounded by two side stages, a rear stage, a set assembly stage and a rehearsal stage.

The stage floors are built in a sandwich construction, with height-adjustable floor sections and mobile stage wagons. This allows an entire floor or sections of a floor to travel from one stage to another, when, for example, scenery or props need to be taken onto the main stage or rehearsal stage or temporarily parked on one of the side stages.

The main stage encompasses four elevators, whose proportions correspond to the wagons. These elevators open up unprecedented opportunities for creating a variety of scenic effects with a multi-tiered stage floor. A special ballet floor is permanently set up on four stage wagons and stored under the rear stage when not in use. A revolving stage, built on four wagons, is also available. The elevators and wagons on all stage floors are computer-controlled and can be shifted to make all floors perfectly even. Curtains, drops, scrims, scenery pieces and lighting equipment are either suspended from the flies or mounted around the flexible proscenium arch. In the flies, the manual hemp lines of yesteryear are replaced by powerful electric motors that soundlessly hoist the desired equipment up into the fly tower during scene changes.

Takkelloftet's combined stage and auditorium is configured so flexibly that small productions can be performed independently of other events at THE OPERA.

■ Tandhjulsdrev trækker de mobile scenevogne rundt på sceneområdet.

■ Pinions drive the mobile wagons around the stage area.

Hovedscenen/Main stage

Højre sidescene/
Side stage right

Montagescene/
Set assembly stage

Vareindlevering/
Loading dock

Tilskuerrum/
Auditorium

Foyer

Bagscene/
Rear stage

Hovedscene/
Main stage

Personaleindgang/
Stage door

Venstre sidescene/
Side stage left

Prøvescene/
Rehearsal stage

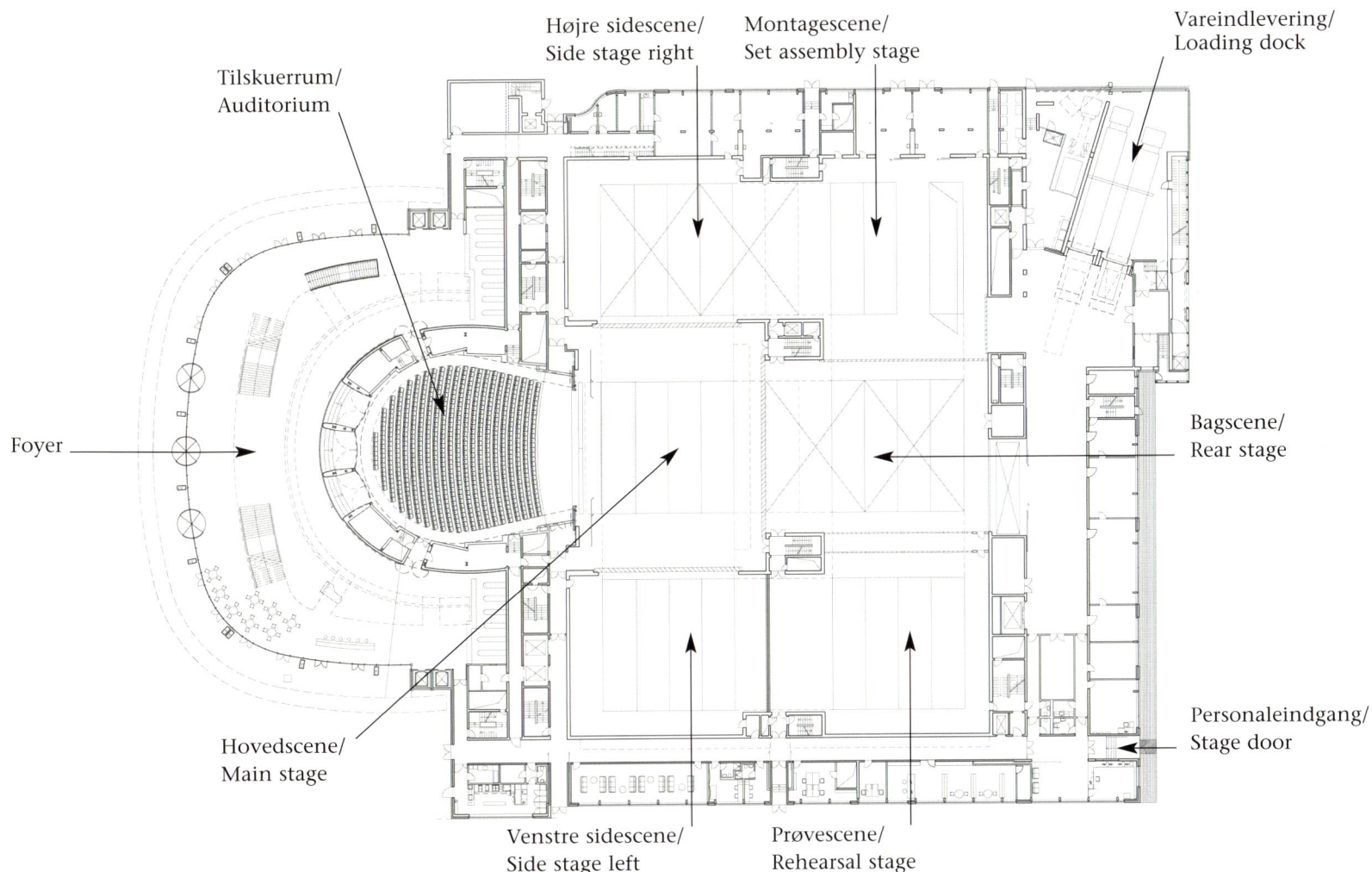

OPERAENs proportioner er i praksis givet af det centrale sceneområde med de seks scener og de meget høje krav, der har været stillet hertil med hensyn til plads, fleksibilitet, akustik og tekniske faciliteter. Af sceneområdets 3.500 m² udgør selve hovedscenen kun 660 m². Resten af sceneområdet er udlagt til bag- og sidescener samt montagescene og prøvescene. Bag- og sidescener anvendes til parkering af kulisser og rekvisitter, der indgår i de aktuelle forestillinger. Der er plads til at have komplette kulissesæt til op til fem forestillinger parkeret samtidigt på sceneområdet. Montagescenen anvendes til klargøring og etablering af kulisser, medens den lydisolerede prøvescene kan anvendes til prøver – også når der afvikles forestillinger på hovedscenen.

In practice, the proportions of THE OPERA are determined by the six stages comprising the central stage area and by the exacting requirements they must meet in terms of space, flexibility, acoustics and technical facilities. The stage area measures 3,500 sq. metres, of which the main stage takes up only 660 sq. metres. The remaining space contains the rear and side stages as well as the set assembly stage and the rehearsal stage. The rear and side stages are used for storing scenery and props used in current productions. The stage area can accommodate entire sets of scenery for up to five productions at any given time. The set assembly stage is used to build and prepare sets, while the soundproof rehearsal stage enables performers to rehearse even when performances are underway on the main stage.

Sceneområdet er en meget moderne konstruktion bestående af højdejusterbare gulve, scenevogne, sceneelevatorer m.v. Det muliggør, at større og mindre gulvflader kan sænkes, hæves og køres omkring som led i forestillingernes scenografi eller for bekvemt at kunne flytte færdigopstillede kulissesæt og rekvisitter.

Her er det højdejusterbare gulv ved at blive lagt i sektioner på 4x16 meter. Disse sektioner kan hver især sænkes, så scenevognene, der er mobile gulvsektioner på ligeledes 4x16 meter, kan køres ind over. Scenevognenes gulvflade ligger i plan med de justerbare gulvsektioners normalposition, således at et scenegulv typisk består af en kombination af scenevogne og justerbare gulvsektioner.

The stage area is state-of-the-art, complete with height-adjustable floors, stage wagons, elevators, etc. This allows stagehands to lower, raise and shift large and small floor sections as needed for the set design of a production or to facilitate the movement of full scenes with props.

Here builders are laying the height-adjustable floor in sections measuring 4 by 16 metres. Each of these sections can be lowered individually, so the mobile stage wagons, also measuring 4 by 16 metres, can be rolled onto the floor. The floor surfaces of the wagons are flush with the adjustable floor sections in their standard positions, and this combination thus forms the typical performance space.

■ Hovedscenens gulv opbygges af fire sceneeleva-
torer i samme overflademål som scenevognene.
Disse otte meter høje sceneelevatorer kan hæves og
sænkes fem meter i forhold til det normale gulv-
niveau. Det kræver en dyb grav, der både kan
rumme elevatorernes tekniske installationer og
elevatorerne selv i sænket position.

Når elevatorerne er færdigmonteret, belægges deres
toppe med samme gulv som det øvrige scenegulv.

■ Four stage elevators covering the same surface
as the wagons make up the main stage floor. Eight
metres in height, these elevators can be raised and
lowered five metres from the normal floor level.
This movement requires a deep pit that can
accommodate both the technical installations of
the elevators and the elevators themselves when
lowered.

When the elevators are fully installed, their decks
are covered with the same flooring as the rest of
the stage.

■ Hendes Majestæt Dronning Margrethe har ved flere lejligheder besøgt OPERAEN, mens den var under opførelse. Her besigtiger hun og herr Mærsk Mc-Kinney Møller sceneområderne i januar 2004.

■ Her Majesty Queen Margrethe II visited THE OPERA on several occasions during its construction. Here she and Mr Mærsk Mc-Kinney Møller survey the backstage areas in January 2004.

■ En drejescene indgår ofte som en vigtig del af en forestillings scenografi eller koreografi.

OPERAENs drejescene konstrueres over fire scenevogne, så den passer ind i det overordnede gulvmodulsystem og frit kan køres fra scene til scene.

■ A revolving stage is often pivotal to the set design or choreography of a production.

THE OPERA's revolving stage is constructed on four wagons so that it fits in with the overall modular floor system and can be freely moved from stage to stage.

■ Den fleksible orkestergrav bygges op over tre højdejusterbare platforme, så dens størrelse og højde kan ændres efter behov.

■ The flexible orchestra pit is constructed on three height-adjustable platforms, which enable its size and height to be changed as needed.

■ Det store sceneområde er færdigetableret. Det kan som her fremstå som ét 3.500 m² stort rum, men både hovedscene og prøvescene kan aflukkes fra de øvrige sceneområder med mægtige, lyd- og brandisolerede porte.

Det multifleksible scenegulv er opbygget som et modulært sandwichsystem af højdejusterbare gulvsektioner og mobile scenevogne, der kan køres rundt på sceneområdet efter behov. Scenevognene kan hver især bære op til 16 ton kulisser og rekvisitter. De kører på hjul og trækkes hen over en sænket gulvsektion ved hjælp af tandhjulsdrev. Når scenevognene er på plads i en ønsket konfiguration, hæves de mellemliggende gulvsektioner op i plan med scenevognene, og man har igen et plant scenegulv. Hele denne manøvrering er computerstyret.

■ The vast stage area is completed. As shown here, the area can serve as a single 3,500-sq.-metre room, but the main stage and the rehearsal stage can also be sealed off from the other by enormous sound and fireproof partitions.

The multi-flexible stage floor is constructed as a modular sandwich system of height-adjustable floor sections and mobile wagons, which can be rolled around the stage area as needed. Each wagon can carry up to 16 tonnes of scenery and props. With the aid of pinions, the wheeled platforms are drawn across lowered floor sections. When the wagons are positioned in the desired configuration, the floor sections between them are raised flush with the wagons, and the stage floor becomes perfectly level. Computers control the entire manoeuvre.

■ De fire toetages sceneelevatorer, der udgør hovedscenens gulv, gør det muligt at flytte og terrassere scenegulvet op og ned i forhold til normalt gulvniveau. På den måde kan der blot ved et tryk på en computerknap skabes sceniske illusioner af tage, balkoner, terrasser, kældre, skakter og havdyb. De robuste elevatorer kan hver bære 32 ton.

■ The four two-storey stage elevators comprising the main stage floor allow the floor to be moved and tiered upwards or downwards from its normal level. Thus, a mere push of the computer button conjures scenic illusions of roofs, balconies, terraces, basements, shafts and ocean depths. The powerful elevators can each carry up to 32 tonnes.

■ Scenevognene kan selvfølgelig også køres ind over hovedscenens sceneelevatorer, der så sænkes tilsvarende. Her er drejescenen, der som nævnt er opbygget over fire scenevogne, parkeret på hovedscenen. Det er muligt at lade drejescenen dreje, samtidig med at den kører til en ny position.

Alle sceneområdets mekaniske installationer er konstrueret ud fra akustiske krav om, at de skal være så lydløse som overhovedet muligt, så forestillingerne ikke forstyrres af unødig støj.

■ Of course, stage wagons can also be rolled in over the main stage elevators, which are simply lowered correspondingly. Pictured here is the revolving stage, which, as mentioned, is built on four wagons stored on the main stage. The stage can revolve while moving into its new position.

Acoustically, every mechanical installation in the stage area is designed to be as soundless as humanly possible, so that superfluous noise does not disturb the performances.

■ OPERAENs permanente balletgulv er etableret på fire scenevogne og ligger under bagscenen, når det ikke er i brug. Det etableres på scenen ved at blive ført frem over de fire sænkede sceneelevatorer på hovedscenen og derefter hævet op i normalt gulvniveau. Herfra kan det så køres hen på andre scener efter behov.

■ When not in use, THE OPERA's permanent ballet floor rests on four wagons below the rear stage. If needed, the floor is guided onto the four lowered elevators of the main stage and then raised to normal floor level. From this position, the floor can be moved to other stages as required.

■ OPERAEN har sit eget elektroniske orgel, som kan benyttes både på scenerne og i orkestergraven. Orglet har 128 stemmer og blev efter installationen finjusteret af den verdenskendte organist Carlo Curley.

■ THE OPERA has its own electronic organ, which can be used both on the stages and in the orchestra pit. Internationally acclaimed organ player Carlo Curley tuned the organ, which boasts 128 stops.

Orkestergraven hører til de største og mest fleksible i Europa. Med sine tre højdejusterbare platforme kan den størrelsesmæssigt tilpasses den enkelte forestilling. Hovedplatformen tættest på sceneåbningen kan hæves op i niveau med scene-gulvet og inddrages i dette. Én, to eller alle tre platforme kan også supplere gulvet i tilskuerrum-met. Til det formål er der på tre hylder under for-scenen parkeret særlige stolevogne med stole og eget gulv. De hæves via orkestergravens hoved-platform op og skubbes på luftpuder ud på plads i tilskuerrummet.

The orchestra pit ranks among the largest and most flexible in Europe. Its three height-adjust-able platforms mean the pit dimensions can be adapted to the needs of each production. The main platform closest to the proscenium can be raised flush with the stage floor, thus extending the stage. One, two or all three platforms can also supplement the auditorium floor. To this end, special seating wagons containing chairs with their own floor are stored on three ledges under the apron. The wagons are raised via the orches-tra pit's main platform and then, on air cushions, pushed into position in the stalls.

■ Sceneområdet optager ikke blot en betydelig andel af OPERAENs areal. Det definerer også husets højeste bygningsafsnit – det 38 meter høje scenetårn, der huser en betydelig del af de scenetekniske installationer. Lysbroer, tæpper, kulissestykker og andet udstyr nedhænges fra snoreloftet i toppen af scenetårnet. Her er snoreloftet under etablering med hundredvis af wirer, der afventer montering af de stænger, der skal bære dele af det scenetekniske udstyr.

■ Not only does the stage area take up a considerable share of THE OPERA's total area, it also defines the tallest section of the building – the 38-metre-high fly tower that houses most of the technical installations. Lighting bridges, curtains, drops, scenery pieces and other equipment are suspended from the flies high above the stage. Pictured here, the fly system is being constructed with hundreds of wires, eventually to be mounted with bars to carry some of the scenery and technical equipment.

■ En rundhorisont er et lyst scenetæppe, som i udfoldet stand danner en halvcirkel om sceneåbningen og skaber en illusion af uendeligt rum på scenen. Her er rundhorisonten – 23,5 meter høj og 52 meter lang – ved at blive monteret i scenetårnet.

■ A cyclorama is a light backing sheet that wraps around the stage in a semicircle, creating an illusion of infinite space. Here, the cyclorama – 23.5 metres high and 52 metres long – is being installed in the fly tower.

■ Det avancerede og overordentligt veludstyrede maskinrum i toppen af scenetårnet står færdigt. Snoretrækkene drives af kraftige elektromotorer, der hver håndterer syv wirer. Under maskinrummet findes snoreloftet, hvis gulv er et dæk af stålriste, som adskiller snoreloftet fra scenetårnets rum.

Wirerne bærer en række 20 meter lange stænger, der tjener som fæste for scenetæpper, lysbroer, kulissestykker og andet sceneteknisk udstyr, der skal kunne hejses op og ned ved scene- og kulisseskift og i øvrigt, når der er behov for det under en forestilling. Hver stang kan belastes med op til 880 kg.

■ The advanced and extremely well-equipped loft at the top of the fly tower is completed. The line sets are run by powerful electric motors, each of which handles seven wires. Beneath the loft, a steel grid floor separates the flies from the space in the fly tower.

The wires hold a series of 20-metre-long bars, from which are attached curtains, drops, scrims, lighting bridges, scenery pieces and other equipment that stagehands will need to hoist up and down during scene changes and when prescribed in a performance. Each bar can carry up to 880 kg.

■ Wirer og stænger kan fires helt ned i højde med scenegulvet. Herfra foregår udskiftning og montering af tæpper, lysbroer og andet udstyr. Der skal flere stænger til at bære de imponerende lysbroer, der er tæt besat med store, avancerede teaterprojektører af enhver art.

■ Wires and bars can be slipped down to stage floor height. This is where curtains, drops, scrims, lighting bridges and other equipment are changed and mounted. It takes several bars to carry the impressive lighting bridges, which are crammed with every high-powered, advanced lighting instrument imaginable.

■ Rundhorisonten styres via computer. Her er den rullet ud og danner en halvcirkel om hoved-scenen. I normalposition hænger den med under-kanten få millimeter over scenegulvet, men som den første rundhorisont i verden kan den hæves op til fem meter over gulv, så scene- og kulisse-skift kan foregå, uden at rundhorisonten må rul-les sammen.

■ Computers control the cyclorama, shown here fully open and wrapping around the main stage in a sweeping semicircle. In its normal position the cyclorama hangs with its lower edge a few millimetres above the stage floor, but unlike any cyclorama before it, this one can be raised up to five metres above the floor, thus allowing scene changes without its having to be rolled.

■ For at undgå, at scenens kraftige projektører blænder publikum i salen, afskærmes de af sorte sufitter, der er monteret mellem lysbroerne.

■ To prevent the powerful stage spotlights from dazzling the audience in the auditorium, they are masked by black borders mounted between the lighting bridges.

Bag de fire sceneelevatorer på hovedscenen er tæppeelevatoren etableret. Den er en 10 meter høj reol, der ligesom sceneelevatorerne er en del af scenegulvet. Tæppeelevatorens funktion er opbevaring af sammenrullede scenetæpper. Når et tæppe skal i brug eller pakkes væk, køres tæppeelevatoren op over gulvniveau (som vist på foto), hvorefter det er nemt at lægge tæppet på plads.

Behind the four main stage elevators, the scenery lift is established. The lift is a 10-metre-high rack of shelves which, like the stage elevators, forms part of the stage floor and is used for storing rolled-up backdrops. When a drop is to be used or packed away, the lift is moved above floor level (as shown in photo), after which it is easy to bring the drop to its destination.

■ Oppe over tilskuerrummets forgyldte loft udspilles et helt anderledes teknisk scenario. Her gemmer sig et væsentligt bidrag til scene- belysningen i form af projektører, der belyser scenen og de optrædende forfra.

■ A completely different technical scenario unfolds above the gilded ceiling, which con- ceals some major stage lighting in the form of spots that light the stage and the performers from the front.

■ Bag 1. balkon i tilskuerummet ligger tre kontrolrum med vinduer ud mod sceneåbningen. Fra disse styres lys og lyd under forestillingerne. Billedet viser lyskontrolrummet.

■ Tucked behind the first balcony in the auditorium are three control rooms with viewing windows facing the proscenium. This is where operators control sound and lighting during performances. The lighting control room is pictured here.

■ Helt oppe bagest under tilskuerrummets loft er scenens fire følgespots monteret i et separat rum. De betjenes manuelt og bruges, når en lyskegle skal følge de optrædende på scenen.

■ Highest up and farthest back under the auditorium ceiling, the four follow spots are mounted in a separate space. Manually operated, they are used when a beam of light is to follow performers on stage.

■ Sceneåbningen er en højteknologisk konstruktion, som rummer en vigtig del af det sceneteknniske udstyr. Dens tekniske betegnelse er proscenium, og den består af to bevægelige tårne og en tværgående, højdejusterbar bro. Det muliggør justering af sceneåbningens bredde og højde efter den enkelte forestillings behov. Mindste åbning er 12 meters bredde og 7,5 meters højde, og største åbning er 16 meters bredde og 11 meters højde. I prosceniets gitterkonstruktion er sceneåbningens lys monteret, og fra de to kontrolpulte ved prosceniets fødder afvikler regissør og signallør den tekniske side af forestillingerne.

■ The proscenium is a cutting-edge structure containing an essential part of the technical stage equipment. It has two moveable tormentor towers traversed by a height-adjustable bridge. This allows the width and height of the proscenium to be adjusted as required for a given performance. The smallest opening is 12 metres wide and 7.5 metres high, and the biggest is 16 metres wide and 11 metres high. The lattice structure of the proscenium holds stage lighting, and the stage manager and cue master control the technical aspects of performances from the two consoles at the feet of the proscenium legs.

■ Takkelloftets (den lille scene) kombinerede scene- og tilskuerrum er én stor, multifleksibel 'black box'-konstruktion. Rummets udformning er i høj grad bestemt af de specielle scenetekniske faciliteter, der er påkrævet for at kunne konfigurere rummet frit og til meget forskelligartede forestillingstyper.

■ Takkelloftet's (the small stage) combined stage and auditorium constitutes one large, multi-flexible black box theatre. In general, the layout of the space is determined by the special technical facilities required to allow the space to be configured freely for a large variety of productions.

Scene- og tilskuergulvet er møbleret med mobile tårne, der på luftpuder kan køres omkring og opstilles efter den ønskede scenekonfiguration. Tårnene er i to etager og kan både tjene som kulisser og tilskuerbalkoner. Hovedparten af rummets loft er udlagt til scenetekniske installationer. Under forestillingerne er lyset oppe på sceneloftet slukket, så publikum oplever et stålwirenet som loft over tilskuerpladserne.

The stage and auditorium floor is furnished with mobile towers, which are moved on air cushions into the desired stage configuration. The two-storey towers can serve as both wings and audience balconies. Most of the ceiling space is geared for technical installations. During performances, lights in the stage loft are turned off, so patrons experience the ceiling as a steel wire grid extending over the audience seating.

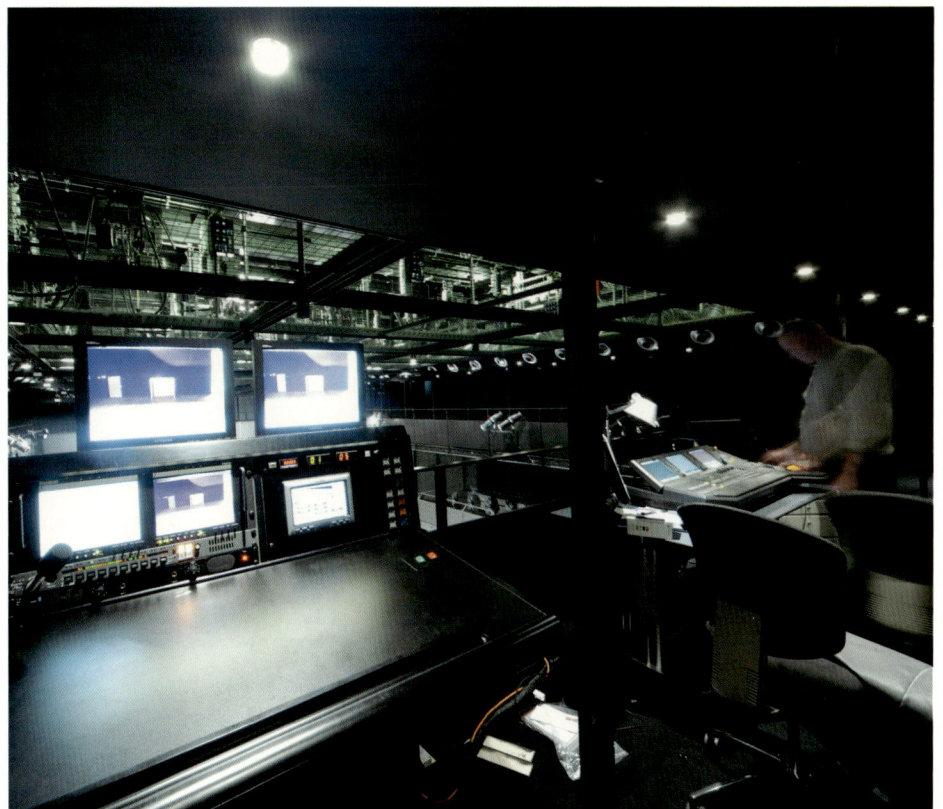

■ Oppe fra Takkelloftets sceneloft kan man se gennem stålwirenettet ned på scenen. Takkelloftet er særdeles veludstyret med scenetekniske faciliteter som avancerede lys-, lyd- og akustikinstallationer, således at enhver tænkelig form for mindre opera- og balletaktivitet kan afvikles optimalt.

■ From the vantage point of Takkelloftet's stage loft, backstage crew can see through the steel wire grid down to the stage. The exceptional technical facilities offered by Takkelloftet, such as advanced light, sound and acoustic installations, mean that every conceivable form of small opera and ballet activity can be held optimally.

121

Øvefaciliteterne

Rehearsal facilities

OPERAEN har ypperlige øvefaciliteter for både opera, ballet og orkester. Akustiske og andre tekniske forhold er de bedst mulige, og der er plads til, at prøver og individuelle øvelser kan afvikles hensigtsmæssigt.

Alle prøvesale og øverum er bygget som lydisolerede, akustiske boks-i-boks-konstruktioner med dobbelte vægge, lofter og gulve. Det sikrer den rette lyd under prøver og øvelser, og at udefrakommende støj og vibrationer ikke kan trænge ind i lokalerne, ligesom aktiviteter i de omkringliggende områder ikke generes af lyd fra prøvesale og øverum.

Orkesterprøvesalen ligger fem etager under tilskuerrummet og kan rumme hele Det Kongelige Kapel og Operakoret. I tilknytning til prøvesalen er der etableret et kontrolrum med udstyr til professionelle lydindspilninger samt en lounge, hvor musikerne kan slappe af mellem prøverne.

OPERAENs øvrige prøvesale ligger på plan 4. Her er to operaprøvesale, en prøvesal til Operakoret samt to balletprøvesale med særlige balletgulve. På plan 4 og 5 er der desuden indrettet 25 mindre øverum, som kan benyttes af operasolister og musikere. Tre kunstnerlounger på plan 4 tilbyder komfortable rammer for pauser og afslapning. Stort set alle øvefaciliteter på plan 4 og 5 er placeret, så de får dagslys. Prøvescenen, som er en del af det centrale sceneområde, gør det muligt for operaen og balletten at afholde prøver med de kulisser og rekvisitter, der skal bruges i den endelige forestilling. Prøvescenen er lydisoleret, så den kan benyttes, selv når der spilles på hovedscenen.

THE OPERA has excellent rehearsal facilities for singers, dancers and musicians alike. Acoustic and other technical conditions are top-notch, and ample space allows rehearsals and individual practice sessions to be conducted befittingly.

All rehearsal rooms and studios are designed as soundproof, acoustic box-in-box constructions with double walls, ceilings and floors. This assures the right sound during rehearsals and classes and prevents outside noise and vibrations from penetrating the rooms. Conversely, sound coming from rehearsal rooms and studios does not disturb activities in adjacent areas.

The orchestra rehearsal room is located five floors below the auditorium and can accommodate the entire Royal Danish Orchestra and Opera Chorus. Adjoining the rehearsal room is a control booth, equipped to make professional sound recordings, and a lounge where musicians can relax between rehearsals.

THE OPERA's other rehearsal rooms are located at level 4. These include two opera rehearsal rooms, a rehearsal room for the Opera Chorus and two ballet rehearsal rooms with special ballet flooring. Moreover, levels 4 and 5 house 25 small practice studios for opera soloists and musicians. Three artists lounges at level 4 provide a comfortable setting for intermissions and relaxation. Practically all rehearsal facilities at level 4 and 5 are positioned to benefit from daylight. The rehearsal stage, a part of the central stage area, enables the Royal Opera and Ballet to rehearse on the set with the actual props. As the rehearsal stage is soundproof, it can even be used during main stage performances.

■ Akustisk profileret vægpanel i orkesterprøvesalen.

■ Acoustic wall panel in the orchestra rehearsal room.

Orkesterprøvesalen/Orchestra rehearsal room

■ Det Kongelige Kapel har egen prøvesal i kælder 5 under tilskuerrummet. I juni 2003 fremstår orkesterprøvesalen endnu nøgen med vægge, lofter og gulve i rå beton. Det er boks-i-boks-konstruktionens inderste skal, der ses. I salens bageste hjørne er der etableret en prøveopsætning af en mulig vægbeklædning med vandrette paneler. Den fravalgtes dog til fordel for en beklædning med lodrette paneler.

■ The Royal Danish Orchestra has its own rehearsal room five floors below the auditorium. In June 2003 the orchestra rehearsal room still looks barren with its bare concrete walls, ceilings and floors. The inner shell of the box-in-box construction is visible. The back corner of the room is tentatively clad in horizontal panels. However, this solution was dropped in favour of vertical panel cladding.

■ Orkesterprøvesalens akustiske loft er under etablering.

■ The acoustic ceiling of the orchestra rehearsal room is being established.

■ Mellem de dobbelte vægge og den ydre panel-beklædning, som er bejdset og lakeret ahornfiner, monteres særlige, justerbare akustikpaneler, som kan indstilles, alt efter hvilken type musik og sang, der prøves i salen. På gulvet står gulvbelægningen af massive asketræsstave stablet, parat til at blive lagt. Gennem vinduesvæggen er der udsyn til musikerloungen og prøvesalens kontrolrum.

■ Between the double walls and the outer panel cladding of stained and varnished maple veneer, workers install special acoustic panels that can be adjusted for the type of music and singing rehearsed in the room. The flooring strips of massive ash wood are stacked on the floor, ready to be laid. The musicians lounge and the rehearsal room control booth are visible through the window wall.

■ Kontrolrummet afsluttes med en kurvet væg ud mod musikerloungen.

■ The control booth terminates in a curved wall facing the musicians lounge.

■ Lige uden for prøvesalen er der etableret en musikinstrument-elevator, så instrumenter bekvemt kan bringes til og fra scene og prøvesal.

■ A musical instruments lift is established just outside the rehearsal room, facilitating the transfer of instruments between the room and the stage.

■ Alle OPERAENs prøvesale og øverum er opført som boks-i-boks-konstruktioner med dobbelte vægge, lofter og gulve, som sikrer optimal lydisolation. Orkesterprøvesalen står færdig som et stort træbeklædt rum med en behagelig, varm atmosfære og en illusion af dagslys, der synes at vælde ned gennem en ovenlyssprække i loftets rand. Det er næsten ikke til at tro, at man er fem etager under havets overflade. Dagslyset er selvfølgelig kunstigt skabt ved hjælp af lysarmaturer, der ligger skjult oppe over loftet. Orkesterprøvesalen er 420 m², og der er ni meter fra gulv til loft. Den er tilpasset i størrelse, så der ikke blot er plads til et 110 mand stort orkester, men også til at orkester og operakorets 80 sangere kan prøve sammen, når der er behov for det. Orkestrets prøver med operasolisterne kan ligeledes afvikles i salen.

Det Kongelige Kapel holdt sin første prøve i salen i maj 2004 for at tjekke de akustiske forhold. Disse fotos er fra en orkesterprøve i oktober 2004.

■ All THE OPERA's rehearsal rooms and studios are designed as box-in-box constructions with double walls, ceilings and floors. This solution ensures optimum soundproofing to prevent outside noise from disturbing rehearsals and classes and to prevent activities in rehearsal rooms and studios from impinging on their neighbours. The orchestra rehearsal room is complete, a big and wood-panelled room with a pleasant, warm atmosphere and an illusion of daylight, which seems to spill through a slit running along the edge of the ceiling. It is hard to believe the room is five floors below sea level. The daylight is, of course, artificial, produced by lighting fixtures concealed above the ceiling. The orchestra rehearsal room covers 420 sq. metres, with a ceiling height of nine metres. Its size is adjusted not only to accommodate a 110-piece orchestra, but also to enable the orchestra and the 80-voice opera chorus to rehearse together when the need arises. The room can also serve as venue for the orchestra's rehearsals with opera soloists.

The Royal Danish Orchestra had its inaugural rehearsal in the room in May 2004 to check the acoustics. These photos are from an orchestra rehearsal in October 2004.

■ Musikerloungen er indrettet med komfortable sidde- og hvilemøbler og udsmykket med malerier af kunstneren Pia Andersen. Her kan musikere, der holder pause, slappe af og samtidig følge med i, hvad der foregår i salen. Bag den buede væg ligger kontrolrummet, som er udstyret, så der kan laves professionelle lydoptagelser som radiotransmissioner, cd- og dvd-indspilninger.

■ The musicians lounge is outfitted with comfortable chairs and couches and decorated with paintings by artist Pia Andersen. This is where musicians on break can relax while still following the events onstage. Behind the curved wall is the control booth, fully equipped to produce professional sound recordings such as radio broadcasts, CDs and DVDs.

■ På plan 0 er der yderligere indrettet en musi-
kerlounge. Den ligger ved siden af musikbibliote-
ket og i bekvem nærhed af scenen. Rummet har
dagslys og er enkelt indrettet med røde sofaer.
Kunstneren Sonny Tronborg har skabt malerierne
til denne lounge.

■ Another musicians lounge is found at level 0,
next to the musical library and conveniently
close to the stage. The room has natural daylight
and is simply furnished with red couches. Artist
Sonny Tronborg created the paintings for this
lounge.

OPERAEN er udstyret med 25 små øverum til musikeres og operasolisters individuelle øvelser. Disse øverum er beliggende på plan 4 og 5 og har næsten alle dagslys og udsigt over København. Som de store prøvesale er de opført som lydisolerede boks-i-boks-konstruktioner med dobbelte, akustiske vægge, lofter og gulve. Det sikrer optimale lydforhold, og at der kan spilles og synges uden at genere eller blive generet af andre.

THE OPERA has 25 small studios for the musicians' and opera soloists' individual practice sessions. These studios are located at levels 4 and 5, nearly all with daylight and a view of Copenhagen. Like the big rehearsal rooms, the studios are designed as soundproof box-in-box constructions with double walls, ceilings and floors. This ensures optimum sound conditions and allows artists to play and sing without disturbing or being disturbed by others.

■ Balletten har to prøvesale, begge beliggende på plan 4. Her er de særlige balletgulve ved at blive lagt. De består af et fjedrende undergulv og topbelægning i linoleum.

■ The Ballet has two rehearsal rooms, both located at level 4. Here the special ballet flooring is being installed. The sprung floors comprise a resilient sub-floor and surface layer of linoleum.

■ Operakoret har sin egen prøvesal op til 55 personer, ligeledes på plan 4. Gulvet er opbygget i terrasserede podier, så alle sangere kan se dirigenten. Også denne sal er opført som boks-i-boks-konstruktion.

■ The Opera Chorus has its own rehearsal room for up to 55 singers, also at level 4. The floor is built on terraced platforms, offering all singers a full view of the conductor. This room is also a box-in-box construction.

135

■ Den store balletprøvesal står færdig. Dagslyset hentes ind gennem loftets ovenlys og hele den sydvendte vinduesfacade. Den barre-kransede sal har scenestørrelse, 437 m² og med 6,5 meter til loftet, så balletprøverne kan afvikles under realistiske forhold.

■ The large ballet rehearsal room is done. Daylight flows in through a skylight and the entire window façade facing south. Encircled with ballet bars, the room is full-stage size, 437 sq. metres, with a ceiling height of 6.5 metres, so that rehearsals can take place under realistic conditions.

■ Operakoret holder den første akustiske prøve i den færdige korprøvesal i august 2004. Efter prøven er væggen bag dirigenten blevet beklædt med tæpper.

■ The Opera Chorus had its first acoustic rehearsal in the completed chorus rehearsal room in August 2004. After the rehearsal, the wall behind the conductor was covered with blankets.

138

Det mest karakteristiske ved korprøvesalen er de terrasserede podier. De er udført i massive asketræsstave, og afsluttes i hver side af brede, skulpturelle trapper. Salen er møbleret med drejelige og indstillelige stole.

The terraced platforms give the chorus rehearsal room its unique character. The platforms are made of solid ash wood strips, culminating in wide, sculptural stairs on each side. The room is furnished with adjustable swivel chairs.

■ I forbindelse med prøvesalene på plan 4 er der etableret kunstnerlounger med komfortable hvilemøbler og fri udsigt over København. Den østvendte lounge ud for operaprøvesalen er udsmykket af kunstneren Lars Nørgård. I den sydlige lounge ved korprøvesalen har kunstneren Erik A. Frandsen stået for udsmykningen, mens den nordlige lounge, der ligger ved den mindre balletprøvesal, er udsmykket af kunstneren Jesper Christiansen.

■ Adjoining the rehearsal rooms at level 4, artists lounges with comfortable furniture and a free view of Copenhagen have been established. Facing east, the lounge next to the opera rehearsal room was decorated by artist Lars Nørgård. Artist Erik A. Frandsen was in charge of decorating the south lounge near the chorus rehearsal room, while artist Jesper Christiansen decorated the north lounge, adjacent to the small ballet studio.

■ Prøvescenen, der er en del af selve sceneom-
rådet, gør det muligt at afholde opera- og ballet-
prøver i den rigtige scenografi med benyttelse af
de kulisser og rekvisitter, der indgår i den ende-
lige forestilling. Både scenevogne, drejescene
og balletgulv kan efter behov køres ind på prøve-
scenen. Også den er opbygget som boks-i-boks-
konstruktion med akustiske vægge. Den aflukkes
fra det øvrige sceneområde af store, dobbelte
porte. Prøvescenen kan således benyttes samtidig
med, at der afvikles forestilling på hovedscenen.

■ The rehearsal stage, a part of the stage area,
allows opera and ballet rehearsals to take place
with the scenery and props to be used in the real
performance. Stage wagons, the revolving stage
and the ballet floor can be moved into the re-
hearsal stage as needed. This room is also built as
a box-in-box construction with acoustic walls.
Vast, double gates can be closed to shut the room
off from the remaining stage area. Consequently,
the rehearsal stage can be used during perform-
ances on the main stage.

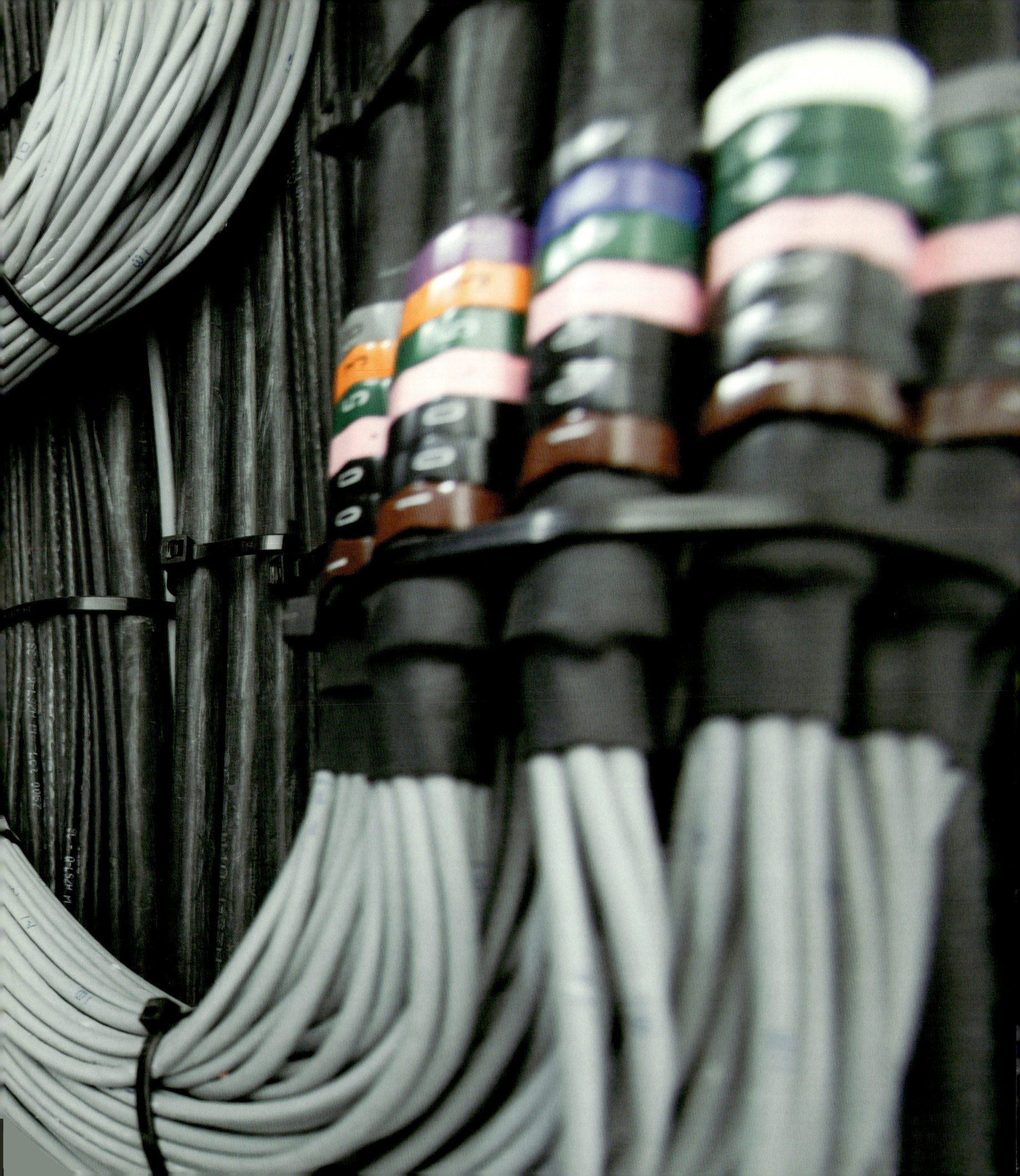

Driftsområderne

Operating areas

OPERAENs driftsområder omfatter blandt andet personalefaciliteter og forsyningsmæssige installationer. I passende nærhed af sceneområderne er der etableret kunstnergarderober, administrationskontorer, mødelokaler, bibliotek, systue, frisørsalon m.v. Der er garderober til både opera, ballet og orkester, ligesom der er omklædningsrum med badefaciliteter til driftspersonalet. OPERAENs daglige brugere og gæster med et professionelt ærinde benytter personaleindgangen i husets sydøstlige hjørne. Den tilhørende reception er udsmykket af kunstneren Kaspar Bonnén.

Personalekantinen med plads til over 150 personer ligger på plan 4 i det nordøstlige hjørne med en enestående udsigt over Holmen. Dobbelthøje vinduesfacader adskiller kantinen fra en stor egetræsbeklædt tagterrasse, som er forbeholdt personalet. Kantinen er udsmykket af kunstneren Nils Erik Gjerdevik.

Vareindleveringen, som både effektuerer de daglige leverancer til køkken og drift i øvrigt samt de hyppige af- og pålæsninger af kulisser og andet sceneteknisk udstyr, ligger i husets nordøstlige hjørne i bekvem nærhed af montagescene, værksteder og kulisselager.

OPERAENs størrelse og mange komplekse funktioner stiller omfattende krav til køling, opvarmning, ventilation og elforsyning. Hovedinstallationer hertil er placeret i kælderetagerne mod øst samt i scenetårnets østlige del. Af akustiske grunde er disse anlæg rigeligt dimensionerede og/eller forsynet med lyddæmpende foranstaltninger, så de ikke forstyrrer de kunstneriske aktiviteter.

THE OPERA's operating areas include staff facilities and supply-related installations. Artists' dressing rooms, administration offices, meeting rooms, a library, costume shop, hairdressing salon, etc. are conveniently located close to the stage areas. There are dressing rooms for singers, dancers and musicians as well as changing rooms with shower facilities for members of operating staff. THE OPERA's employees and guests visiting for professional purposes use the staff entrance in the south-east corner of the house. Artist Kaspar Bonnén decorated the reception area.

The staff cafeteria, accommodating more than 150 persons and offering a striking view of Holmen, is situated in the north-east corner of level 4. Double-height window façades separate the cafeteria from a large oak-covered roof terrace reserved for staff. Artist Nils Erik Gjerdevik decorated the cafeteria.

The loading dock, the delivery point for daily supplies to the kitchen and other backstage units and the spot where scenery and other technical equipment are frequently loaded and unloaded, is located in the north-east corner of the house, conveniently close to the set assembly stage, shops and the scenery storage room.

THE OPERA's size and many complex functions place exacting demands on cooling, heating, ventilation and power supply. Main installations for these supplies are located in the eastern basements and in the eastern part of the fly tower. For acoustic reasons, these installations are slightly oversized and/or fitted with sound-absorbing material to prevent them from disturbing artistic activities.

■ Med sin størrelse og komplekse funktioner kræver OPERAEN et omfattende forsyningsnet.

■ Given its size and complex functions, THE OPERA requires an extensive network of supplies.

Personalekantinen/Staff cafeteria

■ Personalekantinen har en vital funktion i et hus, hvor der er mennesker på arbejde fra tidlig morgen til langt ud på aftenen, og hvor køkkenet skal kunne betjene folk med meget forskellig smag. OPERAENs personalekantine ligger på plan 4 i det nordøstlige hjørne med store, dobbelthøje vindues-facader mod nord, øst og syd. Her er kantine og køkken under etablering. Køkkenets stålinventar bæres på plads, og efterfølgende poleres de mange ståloverflader op.

■ The staff cafeteria serves a vital purpose in a house where people work from early morning to late at night and where the kitchen has to cater to multifarious taste preferences. Located in the north-east corner of level 4, THE OPERA's staff cafeteria features large, double-height windows facing north, east and south. Here the cafeteria and kitchen are under construction. The kitchen's steel furniture is carried into place, after which workers polish the many stainless steel surfaces.

■ I dagtimerne vælder lyset ind i kantinen fra tre sider gennem de store vinduesfacader. Da OPERAENs kantine i høj grad også er i brug om aftenen, er det lige så vigtigt, at den kunstige belysning er behagelig. Med nedhængte pendler over bordene skabes en varmere og mere intim belysning, end hvis der blot var armaturer i loftet. Her er pendlerne ved at blive monteret. For at beskytte dem, er de endnu emballeret. Kantinen møbleres, så der er plads til over 150 spisende. Betjeningen foregår ved skranken, der adskiller køkken og kantine.

■ In the daytime, light pours into the cafeteria through the large window façades on three sides. Since staff also visit THE OPERA's cafeteria in the evening, pleasant artificial lighting is also a must. Pendants hanging above the tables create lighting that is warmer and more intimate than mere ceiling lighting. Here the pendants are being mounted, still in their packaging for protection. The cafeteria is furnished to accommodate more than 150 dining staff. Staff will be served at the counter separating the kitchen and the cafeteria.

■ Køkkenet ved personalekantinen er stort og topprofessionelt udstyret. Her tilberedes de daglige måltider til OPERAENs medarbejdere, men køkkenet er også dimensioneret og udstyret, så der er rigelig kapacitet til at betjene a la carte-restaurant og banket på plan 5.

■ The large kitchen next to the staff cafeteria is equipped to the highest professional standard. This is where the daily meals for THE OPERA staff are prepared, but the kitchen also has the equipment and capacity to serve the à la carte restaurant and banqueting hall at level 5.

■ Kunstneren Nils Erik Gjerdeviks maleri, der er placeret højt på personalekantinens bagvæg, er skabt specielt til det lyse og højloftede rum.

■ High up on the staff cafeteria back wall hangs artist Nils Erik Gjerdevik's painting, which he specially made for the light and lofty room.

■ Med udgang fra personalekantinen er der etableret en ca. 1.400 m² stor tagterrasse med egetræsgulv. Her er der mulighed for at spise i det fri og tilbringe pauser, når vejret tillader det.

■ The cafeteria opens out to an about 1,400 sq. metre roof terrace with oak flooring. Here the staff can eat in the open air and spend their breaks when weather permits.

151

Personaleindgangen i OPERAENs sydøstlige hjørne er hovedindgang for alle medarbejdere, gæstende kunstnere, eksterne samarbejdspartnere og andre besøgende med et professionelt ærinde. Her er personaleindgang og tilhørende reception under etablering. Det hvide gelænder er midlertidigt parkeret og venter på at blive monteret andetsteds.

The staff entrance in the south-east corner of THE OPERA is the main entrance for all employees, guest artists, external business partners and other visitors on business. Here the staff entrance and the adjacent reception area are being established. The white railings are parked temporarily, waiting to be mounted elsewhere.

152

■ Mange mennesker færdes dagligt ind og ud gennem personaleindgangen. Derfor er her både behov for en bemandet receptionsskranke og opholdsmøbler for besøgende, der venter på at komme videre ind i huset. Kunstneren Kaspar Bonnén har skabt maleriet til receptionen.

■ Many people pass through the staff entrance every day. This calls for both a manned reception counter and chairs for visitors with ultimate destinations farther in the house. Artist Kaspar Bonnén created the painting for the reception.

153

■ Det er ikke blot mennesker, der skal ind og ud af OPERAEN hver dag. I vareindleveringen, der er beliggende i det nordøstlige hjørne, udføres omfattende af- og pålæsninger af sceneudstyr og forsyninger. Kulisser og andet tungt sceneteknisk grej lastes via to store ramper i den ene del af vareindleveringen. Driftsforsyninger og daglige køkkenleverancer læsses af på en mindre rampe ved hjælp af et såkaldt løftebord. Her er vareindleveringens mindre rampe med løftebordet ved at blive færdiggjort.

■ Not only people enter and exit THE OPERA every day. In the loading dock, situated in the north-east corner, stagehands load and unload considerable quantities of stage equipment and supplies. Scenery and other heavy technical equipment are loaded via two big ramps in one part of the loading dock. Operating supplies and daily kitchen supplies are unloaded onto a small ramp with the aid of a lift table. Here workers complete the loading dock's small ramp with its lift table.

■ I kælder 3, direkte under center-bagscenen i plan 0, ligger OPERAENs godt 600 m² store kulisselager. Kulisser til både hovedscene og Takkelloftet bringes til og fra via kulisseelevatoren, der ses til højre. Det permanente balletgulv ligger parkeret oppe under kulisselagerets loft. Herfra kan det skydes ind over de sænkede sceneelevatorer på hovedscenen.

■ Basement 3, directly below the centre-rear stage at level 0, holds THE OPERA's scenery storage room, totalling more than 600 sq. metres. Sets for both the main stage and Takkelloftet are brought in and out through the scenery lift, seen to the right. The permanent ballet floor is stored under the ceiling of the scenery storage room. From here, it can be guided onto the lowered main stage elevators.

■ Kulisser og sceneteknisk udstyr er tunge sager, som transporteres til og fra OPERAEN på lastbiler. De kan bakke direkte ind til de to store ramper i vareindleveringen.

■ The heavy job of carrying scenery and technical equipment to and from THE OPERA is done by truck. The trucks can back directly up to the two big ramps in the loading dock.

155

■ Driften af en bygning af OPERAENs størrelse og kompleksitet kræver omfattende og kapacitetstunge forsyningsinstallationer. Hovedinstallationer for el, vand, varme, køling og ventilation er samlet i en række centrale energicentre i huset. Et massivt kabel- og rørføringsnet er nødvendigt for at kunne lede forsyningerne rundt i alle afkroge af huset. Her er kabelføringen ved at blive etableret i en ingeniørskakt og en ingeniørgang.

■ Operating a building the size and complexity of THE OPERA requires large-scale and capacity-intensive supply installations. Central energy stations found around the building house the main installations for power, water, heating, cooling and ventilation. Conducting all these supplies to every inch of the house takes a comprehensive cabling and piping system. Here workers establish the cabling system in an engineering well and passage.

■ De komplicerede forsyningsanlæg kræver både overvågning og præcis styring. Kontroltavler giver det fornødne overblik.

■ The complex supply systems require both monitoring and high-precision management. Control panels offer the necessary overview.

■ I ingeniørgangene ligger kabel- og rørføringerne åbne og tilgængelige, så kontrol, vedligehold og udskiftning nemt kan foretages.

■ Keeping cables and pipes open and accessible in the engineering passages facilitates inspection, maintenance and replacement.

157

■ OPERAENs to store energicentre er placeret i bygningens østlige del, henholdsvis i kælder 1-3 og i scenetårnets plan 5-9 bag ved snoreloftet. Herover er den centrale kølings- og ventilations-installation i scenetårnet ved at blive monteret. I kælderen er varmtvandsanlægget ved at blive installeret.

■ THE OPERA's two big energy centres are located in the eastern part of the building: in basements 1 to 3 and at levels 5 to 9 of the fly tower behind the flies. Above, the central cooling and ventilation system is being installed in the fly tower. In the basement, the hot-water system is installed.

■ Forsyningsinstallationerne i OPERAEN er alene på grund af husets størrelse og brug kraftigt dimensionerede. For at sikre en så lydsvag drift som overhovedet mulig er mange anlæg og installationer yderligere overdimensioneret, så de aldrig skal presses til fuld kapacitet. Hvor det er muligt, er der også etableret lyddæmpende foranstaltninger.

Det effektive køle- og ventilationsanlæg i scenetårnet leverer veltempereret luft til mange rum, herunder 80.000 m³/time til tilskuerrummet. Det svarer til 12 liter pr. sekund til hver tilskuer.

■ Because of the size and use of the house, THE OPERA's supply installations are designed for high-capacity operation. To ensure operation is as soundless as absolutely possible, many systems and installations are oversized so they need never be pushed to full capacity. Wherever possible, sound-absorbing measures have also been taken.

The effective cooling and ventilation system in the fly tower supplies temperate air to many rooms, including 80,000 cubic metres per hour to the auditorium. This corresponds to 12 litres per second to every audience member.

■ Afkølet vand til køling af ventilationsluften til tilskuerrummet cirkuleres fra kompressorrummet til køleluftcentralerne og efter opvarmning tilbage igen.

■ Cooling water for the ventilation air in the auditorium circulates from the compressor room to the cool-air centres to return after warming.

Almindelige airconditionanlæg er luftkølede, og støjen fra deres køleluftblæsere er til gene for naboer og forbipasserende. OPERAENs store anlæg vandkøles med havvand, som tages fra havnen og som efter brug pumpes ud samme sted. Anlæggets kompressorer, varmevekslere og pumper er anbragt i et maskinrum i kælder 1 og kan ikke høres andetsteds i eller uden for bygningen.

Ordinary air-conditioning systems are air-cooled, and the noise from their cooling-air blowers is a nuisance to neighbours and passers-by. THE OPERA's large-scale system is cooled with sea water taken from the harbour and pumped back after use. The system compressors, heat exchangers and pumps are found in an engine room in basement 1 and can be heard nowhere else in or outside the building.

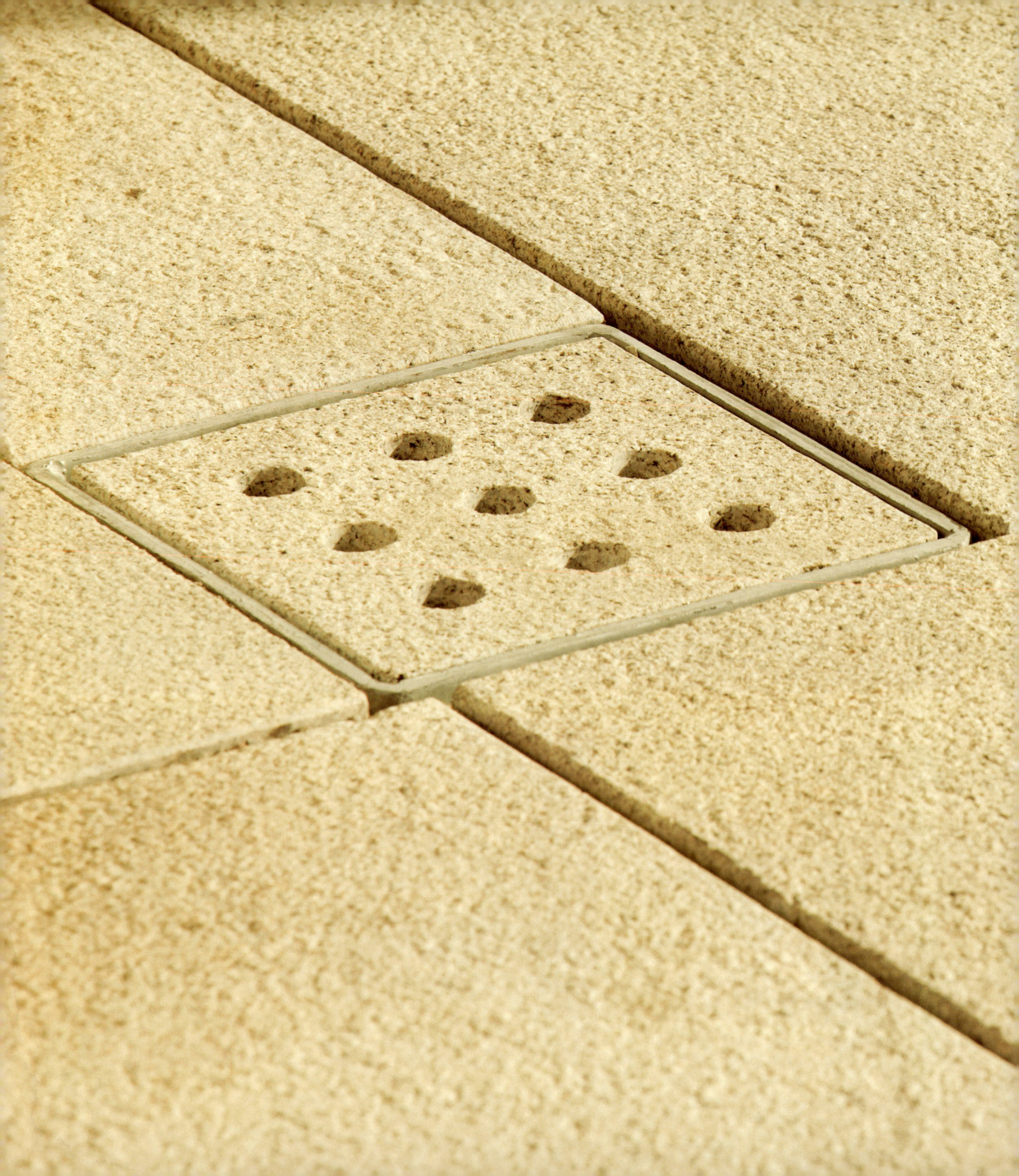

Udendørs

Outdoor areas

Som led i opførelsen af OPERAEN er Dokøen blevet gennemgribende restaureret – først og fremmest med henblik på at skabe attraktive opholdsarealer omkring OPERAEN. Dokøen har genvundet sin ø-status, idet dæmningen over Takkelloftgraven er blevet gennembrudt. To nyetablerede broer sikrer nu forbindelsen fra Frederiksholm til Dokøen.

Langs OPERAENs syd- og nordlige facade er der gravet kanaler mellem Takkelloftgraven og havnebassinet. Hermed har OPERAEN fået sin egen ø – Operaøen – flankeret af de resterende dele af Dokøen. Disse to øer benævnes nu Nordøen og Sydøen og ejes fortsat af Fonden. Fire store, egetræsbelagte broer forbinder Operaøen med Syd- og Nordøen.

Øernes kajkanter er beklædt med gylden, kinesisk granit – en natursten som også er anvendt som belægning på hele Operaøen. Kajkanten på Operaøens vestside er anlagt som en bred granittrappe, der giver publikum og gæster mulighed for at komme sejlende til OPERAEN. Langs kajerne på Nordøen og Sydøen er der etableret promenader med bænke, og nyplantede rækker af kejserlind står langs Takkelloftgraven og kanalerne.

Publikum, der ankommer til OPERAENs forestillinger i bil, kører ad Gallionsvej hen over den græsklædte Sydø frem til forpladsen ud for OPERAENs foyer. Fonden har anlagt en midlertidig parkeringsplads til ca. 200 personbiler på Nordøen mellem de to fredede kranbaner. Publikum, der kommer med bus, benytter hovedadgangsvejen til OPERAEN via Fabrikmestervej frem til Pumpehuset på Nordøen, hvor der er etableret af- og påstigningsplads for busser.

During the construction of THE OPERA, Dokøen was thoroughly restored – primarily with a view to creating attractive outdoor facilities around the house. Dokøen regained its status as an island after builders broke through the dam across Takkelloftgraven. Two newly established bridges now interconnect Frederiksholm and Dokøen.

Canals running along THE OPERA's south and north façades have been excavated between Takkelloftgraven and the basin. This means that THE OPERA now stands on its own island – Operaøen – flanked by the remaining parts of Dokøen. These two islands are today called Nordøen and Sydøen and are still owned by the Foundation. Four big, oak-boarded bridges connect Operaøen with Sydøen and Nordøen. The quay edges of the islands are covered with golden, Chinese granite – a natural stone also used for all paving throughout Operaøen. The broad granite stairs built to form the quay edge on the western side of Operaøen enable patrons and guests to arrive at THE OPERA by boat. Promenades with benches have been established along the quays of Nordøen and Sydøen, and recently planted rows of lime trees stand between Takkelloftgraven and the canals. Ticketholders arriving for THE OPERA performances by car drive along Gallionsvej across the grassy Sydøen up to the forecourt opposite THE OPERA foyer. The Foundation has established a temporary car park for about 200 passenger cars on Nordøen between the two listed craneways. Ticketholders arriving by bus use the main access road to THE OPERA via Fabrikmestervej to the Pump House on Nordøen, where an alighting and boarding point for buses is available.

■ Terrænet omkring OPERAEN er belagt med en gylden, kinesisk granit.

■ The outside areas of THE OPERA are paved with golden, Chinese granite.

Operaøen i aftenstemning/Operaøen at nightfall

■ Takkelloftgraven, der afgrænser Dokøen mod øst, får broer som led i restaurering og anlæggelse af øens terræn og kajer. Den ene er en klapbro, der forbinder Gallionsvej med Dokøen, og det er ad denne vej, publikum i personbiler ankommer til OPERAEN, når der er forestillinger.

■ Bridges are built across Takkelloftgraven, bordering Dokøen to the east, as part of the restoration and establishment of the island's outside areas and quays. The bridge linking Gallionsvej with Dokøen is a bascule bridge. Ticketholders arriving by car use this route to access THE OPERA.

■ For at understrege OPERAENs maritime placering, graves der langs bygningens syd- og nordfacade nye, 17 meter brede kanaler, som forbinder Takkelloftgraven og havnebassinet. Hermed får OPERAEN sin egen ø – Operaøen. De resterende dele af Dokøen benævnes herefter Sydøen og Nordøen.

■ To underpin the maritime location of THE OPERA, new 17-metre-wide canals are excavated along the south and north façades of the building, thus connecting Takkelloftgraven and the basin. This gives THE OPERA its own island – Operaøen. The remaining parts of Dokøen are called Sydøen and Nordøen.

■ For hver ende af de to nye kanaler er der
med broer etableret forbindelse mellem Operaøen
og Syd- og Nordøen. De fire nye, egetræsklædte
broer er beregnet for både gående og kørende
trafik.

■ At either end of the two new canals, bridges
connect Operaøen with Sydøen and Nordøen.
The four new oak-boarded bridges are intended
for both pedestrian and vehicular traffic.

■ OPERAENs hovedindgang i den transparente vestfacade består af tre glassvingdøre, så alle hurtigt kan komme inden døre, selv når der er trængsel lige før forestillingerne. Det store, udkragede tag skærmer OPERAENs gæster mod nedbør og er samtidig med til at definere forpladsen som et stemningsfyldt uderum. Når mørket falder på, bidrager foyerens gyldne lysrefleksion i tagets underside til at skabe en varm og feststemt atmosfære.

OPERAENs forplads afsluttes mod havnebassinet af et bredt trappeanlæg, der både kan fungere som ankomstrampe for sejlende gæster, og som opholdsareal for alle, der alene vil nyde udsigten over mod Amalienborg og Frederikskirken.

■ THE OPERA's main entrance in the transparent west façade comprises three revolving glass doors, enabling everyone to enter quickly even when crowds gather just before curtain-up. The large cantilevered roof shields THE OPERA guests from rain and snow, while also defining the forecourt as an outdoor space with a pleasant ambience. At nightfall, the underside of the roof reflects the golden light of the foyer, engendering a warm and festive atmosphere.

THE OPERA forecourt extends towards the harbour, flanked by broad stairs that serve both as an arrival ramp for sailing guests and as a recreational area for anyone simply desiring an enjoyable view of Amalienborg Palace and Frederik's Church.

■ OPERAENs ydre byder på mange arkitektoniske detaljer. Her ses mødet mellem den dobbeltkrumme vestfacades stålbånd og bygningskroppens Jura Gelb-beklædte facade, som det opleves fra plan 5 ved publikumselevatorerne.

■ The exterior of THE OPERA abounds with architectural details. The photo shows the meeting between the steel bands of the double-curved west façade and the Jura Gelb-clad façade of the building body, as seen from level 5 outside the public lifts.

■ En af attraktionerne ved restauranten på foyerens plan 5 er den overdækkede publikumsterrasse, der løber hele vejen rundt langs den krumme facade. Herfra kan havnen og byen nydes både dag og aften.

■ One of the attractions adjoining the restaurant at foyer level 5 is the covered public terrace running along the entire curved façade. The terrace provides a magnificent view of the harbour and the city night and day.

■ OPERAENs østfacade med den fremskudte Takkelloft-foyer. Det udkragede tag med lys-åbninger giver kig til himlen.

■ THE OPERA's east façade with the protruding Takkelloftet foyer. The cantilevered roof with light openings offers a view of the sky.

■ Slanke, røde vejvisere gør det let at orientere sig og finde vej til den rette indgang. OPERAENs billetkontor har egen indgang i vestfacaden på den nordlige side af foyeren. Personaleindgangen i østfacaden og vareindleveringsporten i det nordøstlige hjørne er begge kendetegnet ved et diskret og funktionelt udtryk.

■ Slim, red signposts make it easy for patrons to find their way to the right entrance door. THE OPERA Box Office has a separate entrance in the west façade on the northern side of the foyer. The staff entrance in the east façade and the loading dock in the north-east corner are both discreet and functional in expression.

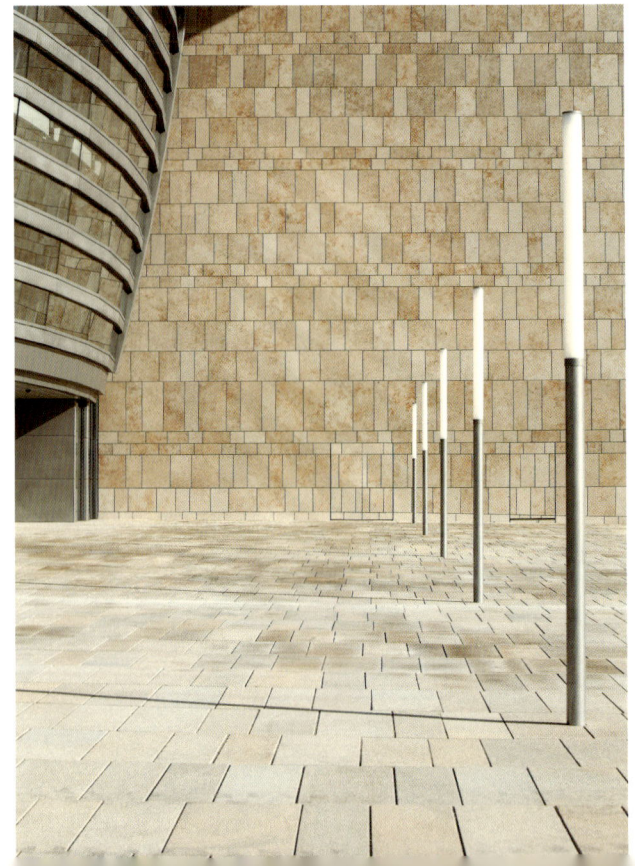

■ OPERAENs storslåede beliggenhed med nærheden til vand og udsigt, uanset hvor på Operaøen man befinder sig, har medført stor omhu ved udformningen af udearealerne.

Den granitbelagte Operaø er møbleret med bænke og lygter i et diskret udtryk, som ikke bortleder opmærksomheden fra udsigt og omgivelser. Til gengæld har der helt ned i detaljen været fokus på kvaliteten – for eksempel er alle Operaøens brønddæksler udformet i samme gyldne granit som belægningen.

■ The premier location of THE OPERA on Operaøen, with its proximity to water and panoramic view of the city, obliged the architects to take great care in designing the outdoor areas.

The granite-paved Operaøen is furnished with benches and lamps in an understated expression that keeps our attention on the view and surroundings. On the other hand, attention has been focused on quality down to the minutest detail. For instance, all well covers on Operaøen are made of the same golden granite as the pavement.

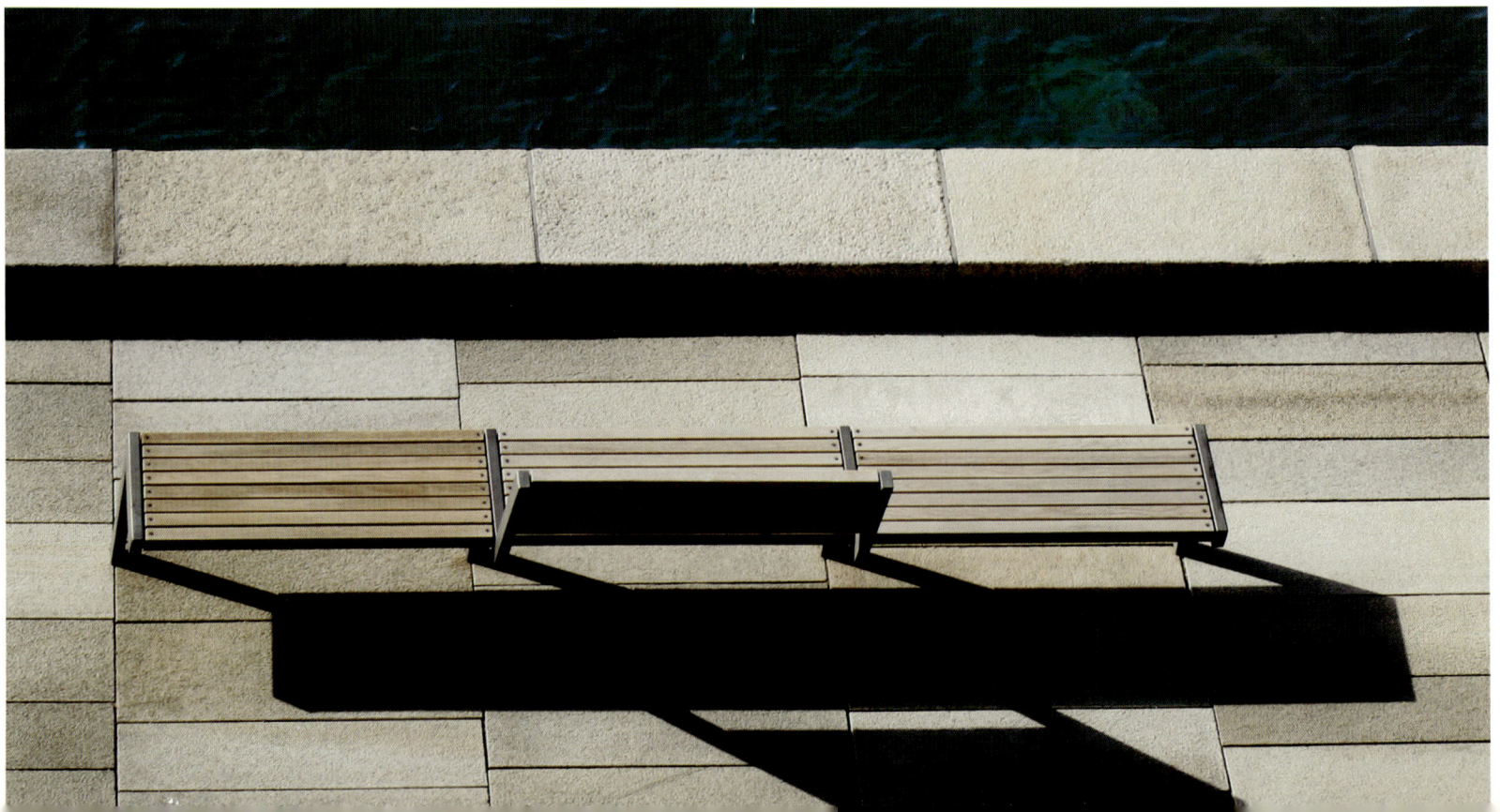

■ Fra toppen af det 38 meter høje scenetårn er der en helt enestående udsigt over København. Mod nordvest kan man se helt op til Skovshoved og videre ud over Øresund til Helsingborg. I forgrunden skyder OPERAENs store tag sig ud med tydelig markering af foyerens krumme ovenlys. Af sikkerhedsmæssige årsager, er der ikke adgang for publikum til scenetårnets top.

■ The view from atop the 38-metre-high fly tower offers an unparalleled panorama of Copenhagen. Towards the north-west, the vista extends as far up as Skovshoved and out across the Sound to Helsingborg in Sweden. In the foreground, THE OPERA's large cantilevered roof protrudes with a clear indication of the foyer's curved skylight. For security reasons, there is no public access to the top of the fly tower.

■ Amalienborg-aksen er fuldført med OPERAEN som aksens nye afslutning. Set fra Salys statue på Amalienborg Slotsplads rejser OPERAEN sig bag Amaliehavens springvand.

Fra taget af OPERAENs scenetårn opleves aksen i den modsatte retning i en hidtil uset synsvinkel over mod Frederikskirken. Scenetårnets højde svarer til den linje, hvor Frederikskirkens bygningskrop møder det kuplede kobbertag.

■ The Amalienborg axis is complete, with THE OPERA as its new end-point. Seen from Saly's statue at Amalienborg Palace Square, THE OPERA rises behind Amaliehaven's fountain.

From the roof of THE OPERA fly tower, the axis in the opposite direction opens the eyes to a never-before-seen angle towards Frederik's Church. The height of the fly tower corresponds to the line where the body of Frederik's Church meets the domed copper roof.

■ Fra toppen af scenetårnet i den begyndende skumring følger øjet mod syd havneløbet ud under Knippelsbro og Langebro med Sydhavnen i det fjerne. Ind over byen tegnes silhuetterne af Rådhustårnet, Palace-bygningens tårn og spiret på Nikolaj Udstillingsbygning sammen med Royal Hotel og Carlsbergs silo. Byens skyline med de karakteristiske spir og tårne spejler sig samtidig i OPERAENs foyer-ovenlys.

■ To the south of the fly tower roof, the view at dusk shows the harbour water under the bridges of Knippelsbro and Langebro, with Sydhavnen in the distance. Over the city, the towers of the City Hall and the Palace Hotel, the spire of Nikolaj Church together with the Royal Hotel and Carlsberg's silo punctuate the sky. The Copenhagen skyline with its characteristic spires and towers is also reflected in THE OPERA's foyer skylight.

■ Når OPERAEN opleves fra Frederiksstadens og Gammelholms kajer med den distance, som naturligt gives af havnebassinet, vil himmel og hav på afgørende vis medvirke til at tegne OPERAENs udtryk gennem døgnet og under vekslende vejrlig.

■ When THE OPERA is seen from the quays of Frederiksstaden and Gammelholm at the natural distance set by the harbour, the sky and sea play an irrefutable role in rendering THE OPERA's expressions at all hours of the day and in every kind of weather.

Dokøen December 2004

OPERAEN

OPFØRT
OG FORÆRET TIL NATIONEN
AF
A.P. MØLLER OG HUSTRU
CHASTINE Mc-KINNEY MØLLERS FOND

2004

MÆRSK

Åbningsaftenen

Opening night

Program for åbningskoncert i OPERAEN
15. januar 2005

Programme for inaugural concert at
THE OPERA, 15 January 2005

Friedrich Kuhlau: Elverhøj – ouverture

Børnedans fra Elverhøj

Taler ved herr Mærsk Mc-Kinney Møller og
statsminister Anders Fogh Rasmussen

Jalousie, pas de deux – urpremiere, koreograferet
til åbningen af balletmester Peter Martins,
New York City Ballet

Poul Ruders: Sonet – uropførelse, komponeret
til åbningen

Harald Lander: Etudes

PAUSE

Carl Nielsen: Maskarade – begyndelsen af 3. akt:
Gaa af Vejen! Gaa af Vejen!

Leó Delibes: Lakmé – blomsterduetten fra 1. akt:
Viens, Mallika

Giuseppe Verdi: Otello – Otello og Desdemonas
duet fra 1. akt: Gia nella notte densa

Carl Nielsen: Maskarade – Henrik og Pernilles
duet fra 3. akt: Min søde Balsambøsse

August Bournonville: Blomsterfesten – pas de
deux

Carl Nielsen: Maskarade – Leander og Leonoras
duet fra 3. akt: Ulignelige Pige

Giacomo Puccini: Tosca – Toscas bøn:
Vissi d'arte

Gaetano Donizetti: Lucia di Lammermoor –
sekstetten fra 2. akt: Chi mi frena in tal momento

Gioachino Rossini: Rejsen til Reims – gran pezzo
concertato: Ah! A tal colpo inaspettato

Richard Strauss: Rosenkavaleren – terzetten fra
3. akt: Hab mir's gelobt

Carl Nielsen: Maskarade – fra 3. akt: Ydmygste
Tjener, Madam!

Giuseppe Verdi: Aida – triumfmarchen fra 2. akt:
Gloria all'Egitto

Friedrich Kuhlau: Elverhøj – overture

Children's dance from Elverhøj

Speeches by Mr Mærsk Mc-Kinney Møller and
Prime Minister Anders Fogh Rasmussen

Jalousie, pas de deux – world premiere, choreo-
graphed for the opening gala by Peter Martins,
Ballet Master in Chief, New York City Ballet

Poul Ruders: Sonet – world premiere, composed
for the opening gala

Harald Lander: Etudes

INTERMISSION

Carl Nielsen: Maskarade – beginning of Act III:
Gaa af Vejen! Gaa af Vejen!

Leó Delibes: Lakmé – flower duet from Act I:
Viens, Mallika

Giuseppe Verdi: Otello – Otello and Desdemona's
duet from Act I: Gia nella notte densa

Carl Nielsen: Maskarade – Henrik and Pernille's
duet from Act III: Min søde Balsambøsse

August Bournonville: Flower Festival in Genzano
– pas de deux

Carl Nielsen: Maskarade – Leander and Leonora's
duet from Act III: Ulignelige Pige

Giacomo Puccini: Tosca – Tosca's prayer: Vissi
d'arte

Gaetano Donizetti: Lucia di Lammermoor – sextet
from Act II: Chi mi frena in tal momento

Gioachino Rossini: Il viaggio a Reims – gran
pezzo concertato: Ah! A tal colpo inaspettato

Richard Strauss: Der Rosenkavalier – terzetto from
Act III: Hab mir's gelobt

Carl Nielsen: Maskarade – from Act III: Ydmygste
Tjener, Madam!

Giuseppe Verdi: Aida – triumphal march from
Act II: Gloria all'Egitto

185

■ Ved ankomsten til åbningskoncerten modtages Hendes Majestæt Dronning Margrethe og den kongelige familie af herr Mærsk Mc-Kinney Møller.

■ Her Majesty Queen Margrethe and the Danish Royal Family, arriving for the inaugural concert, are welcomed by Mr Mærsk Mc-Kinney Møller.

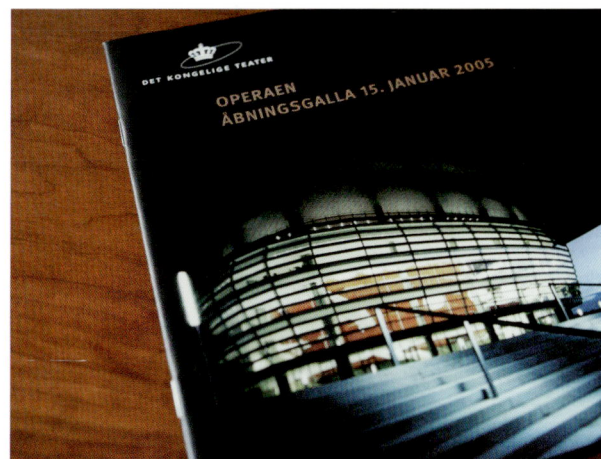

De festklædte gæster træder fra foyeren ind i tilskuerrummet kort før forestillingens start.

Guests in black tie and gowns step from the foyer into the auditorium just before curtain-up.

■ Herr Mærsk Mc-Kinney Møller og statsminister Anders Fogh Rasmussen taler ved koncertens begyndelse.

■ Mr Mærsk Mc-Kinney Møller and Prime Minister Anders Fogh Rasmussen speaking on stage at the start of the concert.

■ Den kongelige familie påhører nationalsangen.

■ The Royal Family listening to the National Anthem.

■ Åbningskoncerten byder på et varieret opera- og balletprogram.

■ The inaugural concert offers an eclectic programme of opera and ballet.

189

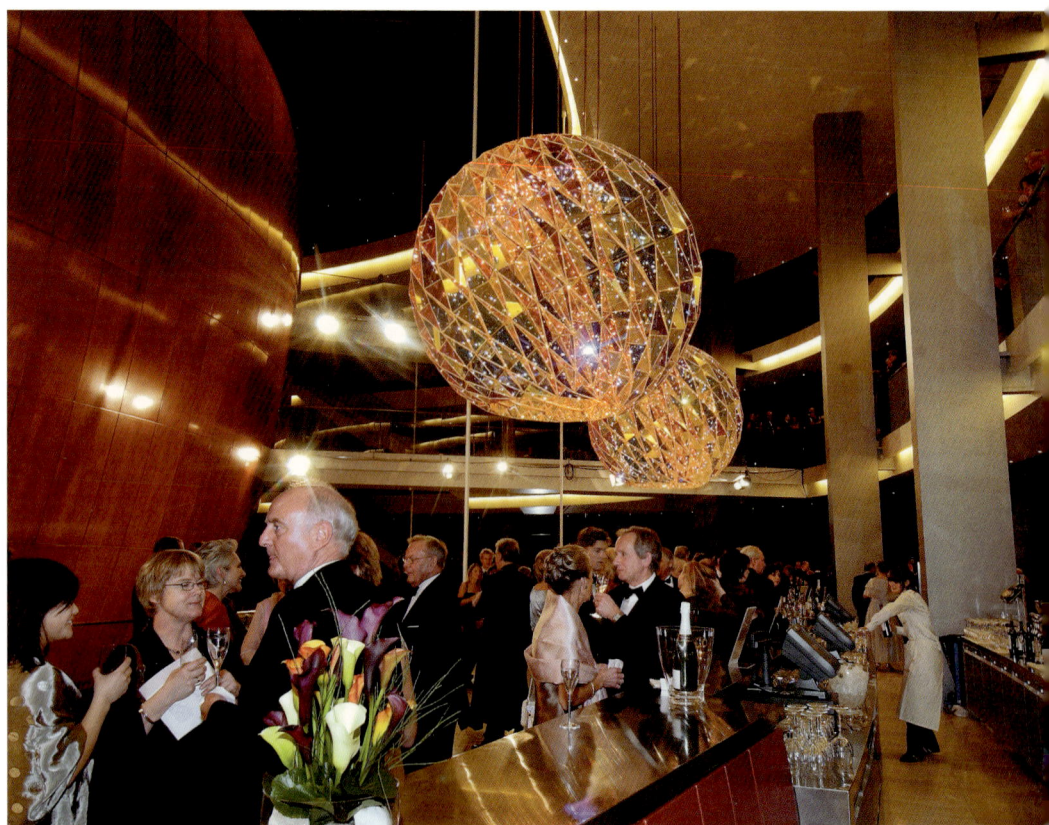

■ I pausen søger gæsterne ud i den store publikumsfoyer.

■ At intermission, the guests saunter into the expansive public foyer.

OPERAEN

© 2005 Aschehoug Dansk Forlag A/S og
A.P. Møller og Hustru Chastine Mc-Kinney
Møllers Fond til almene Formaal

2. oplag

Tekst og redaktion: Ove Hornby,
Tina Jørstian og Bo Wildfang
Oversættelse: Bo Myhrmann/ad hoc
Translatørservice
Forlagsredaktion: Anne Frovin

Grafisk form og sats: Brandtdesign
Bogen er sat med Stone Antikva
Repro og tryk: Abildgaard Grafisk
Indbinding: Bogbinderiet Chr. Hendriksen

Fotografier:
Stefan Kai Nielsen og Henrik Petit/
EKKO Pressefoto
Lars Schmidt/Schmidt Photography ApS
Luftfotos: Aerodan Luftfoto

Enhver form for eksemplarfremstilling til
brug i undervisningsøjemed er kun tilladt
i henhold til aftale med COPY-DAN eller
de pågældende rettighedshavere

Trykt i Danmark 2005

ISBN 87-11-23091-6

THE OPERA

© 2005 Aschehoug Dansk Forlag A/S and the
A.P. Møller and Chastine Mc-Kinney Møller
Foundation

Second printing

Danish text and editing: Ove Hornby,
Tina Jørstian and Bo Wildfang
Translation: Bo Myhrmann/ad hoc
Translatørservice
Publishing editor: Anne Frovin

Graphic design and typesetting: Brandtdesign
Typeset in Stone Antikva
Repro and printing: Abildgaard Grafisk
Binding: Bogbinderiet Chr. Hendriksen

Photo credits:
Stefan Kai Nielsen and Henrik Petit/
EKKO Pressefoto
Lars Schmidt/Schmidt Photography ApS
Aerial photos: Aerodan Luftfoto

No part of this publication may be reproduced
for teaching purposes in any form or by any
means without the prior permission of COPY-
DAN or the relevant copyright holders

Printed in Denmark 2005

ISBN 87-11-23091-6

■ Åbningsaftenen afsluttes med et stort fest-fyrværkeri, som kan nydes fra såvel Amalienborg-området som fra OPERAEN.

■ Opening night closes with breathtaking fire-works, which spectators can enjoy from both the Amalienborg area and THE OPERA.